인문학자들의 헐렁한 수다
인문학, 대구를 이야기하다

❘ 지역인문학시리즈 · 대구 ❘

인문학자들의 헐렁한 수다
인문학, 대구를 이야기하다

강미경 김민영 김상현 김재웅
남철호 배지연 이상형 이재현 하수정

한국문화사

인문학이 세상을 바꿀 수 있기를 희망합니다

　인문학자들의 헐렁한 수다는 우리 협동조합의 처녀작입니다. 대구의 뒷골목에 쌓여있는 우리의 추억을 꺼내보는 색다른 즐거움으로 함께 수다를 떨었습니다. 우리의 헐렁한 수다는 대구를 안주로 삼았지만 대구를 넘어선 이야기도 많았습니다. 인문학자들의 수다는 학문의 틀을 벗어나 자유로운 분위기에서 헐렁하게 진행되었습니다. 자본주의 속도 경쟁에서 벗어난 헐렁한 수다는 창조적 발상의 시작이기 때문입니다.

　이 책은 우리가 살고 있는 대구의 공간에 대한 다양한 성찰과 추억을 담은 희망의 등불이기도 합니다. 인문학은 행복한 세상을 만드는 공동체의 놀이마당이 되어야 합니다. 그래서 인문학자들의 헐렁한 수다에는 대구의 공간에서 발생했던 인물, 사건, 음식, 산하 등과 같이 다양한 이야기가 들어있습니다.

　인문학자들의 헐렁한 수다에 참여한 사람들은 행복했습니다. 우리가 고민한 인문학적 가치를 실천하기 위해 다양한 연구와 강의를 하고 있기 때문입니다. 인문학자들의 시선에 포섭된 대구는 어떤 모습일지 궁금하지 않으세요? 그렇다면 대구의 공간에 숨 쉬는 인물과 사건 및 추억을 공유하는 가벼운 산책을 떠나보시기를 간절히 기원합니다. 그곳에 오늘날 필요한 인문학의 보물이 숨겨져 있기 때문입니다.

이 책을 기획하고 출판하는 과정에서 우여곡절이 많았습니다. 인문학을 통한 협동의 가치를 실천하는 것이 쉽지 않다는 사실도 깨달았습니다. 그럼에도 끝까지 인문학자들의 헐렁한 수다에 참여해준 조합원들에게 감사를 드립니다. 세상이 어수선할수록 인문학이 더욱 빛을 발할 수밖에 없다는 평범한 진리를 헐렁한 수다를 통해서 확인했습니다.

이제 꿈꾸는 사과나무 아래서 인문학과 헐렁한 수다를 나눌 공동체 마당에 여러분을 초대합니다.

2016년 11월 17일
여러 필자를 대신하여 김재웅이 쓰다

┃차례┃

서문 __ 5

제1장 대구의 골목을 여행하다

1. 인문학+대구 : 인문학, 대구와 만나다 __ 11
   -익숙한 곳에서 발견하는 나와 우리의 이야기
2. 골목과 타자 : 대구 근대골목 __ 22
3. 약전골목에서 행복을 찾다 __ 34

제2장 대구의 공간에서 추억을 만나다

1. 이상화, 일제강점기 독립의 열망을 시로 풀어내다 __ 47
2. 대구역전을 거닐며 그대를 만났네 __ 58
   -한국 소설에 나타난 대구역 풍경
4. 동성아트홀과 오오극장 -같고도 다른 세상을 만나다 __ 69
5. 동성로와 교보문고 -군중 속에서 길 잃은 산책자가 되다 __ 79

제3장 대구의 산과 음식을 이야기하다

1. 앞산을 산책하면서 생태인문학을 배우다 _ 91
2. 팔공산을 거닐다 _ 105
3. 무더운 여름과 매서운 겨울 그리고 화끈한 대구음식 _ 117
4. 대구탕(大邱湯)과 대구탕(大口湯)에 얽힌 노가리 _ 126

제4장 대구의 희망을 이야기하다

1. 국채보상운동기념공원과 나 _ 138
2. '김광석 다시 그리기 길'에서 가객을 추억하다 _ 147
3. '대구(大邱)'를 '대구(大丘)'라고 부르지 못한 이유 _ 160
4. 달빛동맹, 화합과 상생을 위한 대구와 광주의 만남 _ 175
5. 대구의 아이, 전태일 _ 187

제1장

대구의 골목을 여행하다

인문학+대구 : 인문학, 대구와 만나다.
– 익숙한 곳에서 발견하는 나와 우리의 이야기

배지연

응답하라, 나의 대구!

　얼마 전 종영된 '응답하라 1988'은 세대를 막론하고 많은 사람들에게 큰 반향을 일으켰다. 십대들이나 오십 줄에 들어선 중년들이나 할 것 없이 드라마 OST를 즐겨 들으며, 텔레비전과 무관할 것 같은 교수들도 술자리에서 드라마를 안주 삼아 자신의 젊은 날들을 숱하게 들춰봤다. '응팔'의 성공비결은 시간과 공간의 절묘한 만남, 말하자면 기억 속의 젊은 날과 익숙했던 장소의 기막힌 조우였다. 자신이 나고 자라난 친숙한 골목길, 누구나 가지고 있는 열여덟 혹은 스무살의 시간. '응팔'을 보는 내내 잊고 지내던 나만의 시간과 장소가 오버랩되었다. 지금도 가끔 꿈에 나오는 어린 시절 그 골목은 이제는 내 기억과는 달리 아주 좁아졌다. 골목의 길이와 너비는 그대로겠지만, 내가 실감하는 그곳은 아주 협소한 공간으로 다가온다. 캠퍼스도 마찬가지다. 이십여 년 전과는 달라진 외양으로 서 있는 그곳은 이제는 젊은이들의 것이 되어버렸다. 내 기억과는 달라졌지만, 그곳은 여전히 내게, 그리고 누군가에게 각기 다른 이야기들을 품은 장소이다. 그리고 그곳은 내가 나고 자란 곳, 바로 대구다.

익숙한 삶터에 시작하는 다양한 학문과의 접속 혹은 연대

대구에서 나고 학교를 마치고, 사십을 훌쩍 넘긴 지금도 여기 이곳 대구에서 살고 있다. 너무나 익숙한 것 - 마치 우리가 너무나 자연스럽게 옷을 입고 생활하는 것처럼, 내가 살아온 이곳 대구는 내게 너무나 익숙하고 친숙한 곳이어서 객관적이고 심층적인 지적 탐구의 대상이 된 적이 없었다. 한국문학을 공부하고 대학에서 학생들을 가르치지만, 정작 대구를 기반으로 한 문학이나 문화적 지형 등에 대해서는 심도 있게 공부하지는 못했다. 일반 학문이 그렇듯 분과 학문의 경계 안에서, 말하자면 한국문학의 일반적인 특성 혹은 문학이라는 보편성을 바탕으로 하는 학문적 연구 성과를 쌓아가는 데 집중했다고 할까. 물론 지금도 그런 연구자의 길을 힘겹게 따라가고 있지만, 대학을 중심으로 이뤄지는 소위 학술적인 연구들이 간과하는 문제에 대해 늘 갈증을 느낀다. 연구자들을 위한 연구가 아니라 보통사람들을 위한 연구, 학문적 지식이 없는 일반인들도 접근할 수 있는 주제를 다루고 싶다는 욕망. 그것은 단순한 연구 방법의 문제라기보다는 보통사람들이 공감할 수 있는 주제를 가지고 소통할 수 있는 방식으로 다룰 때 가능할 것이다.

2014년에 만들어진 대구경북인문학협동조합은 나에게 보통사람들이 접근할 수 있는 학문의 길을 조심스럽게 열어주었다. 문학, 철학, 역사, 예술, 그밖에도 사회, 경제, 생물학, 의학 분야 등 다양한 분야에서 인문학적 주제를 다루며 대중과 소통할 수 있는 시간과 공간을 만드는 것. 여기 모인 연구자들의 공통적인 바람이다. 아직도 많은 시행착오를 겪으며 조금씩 나아가고 있지만, 이곳에서 내가 살고 있는 지금 - 여기의 문제에 대한 갈급함을 여럿이 함께 목 축여가는 중이다. 내가 살고 있는 대구를 좀 더 살펴볼 기회와 마음을 먹게 된 것도 그러한 시도 가운데 하나이다. 대구에서 공부하고 있는 다양한 분야의 연구자들을 만나고 그들과 함께 우리가 공부한 것들을 함께 나눌 수 있다는 것, 그 과정에서 내가 살고 있는 대구에 대해 함께 눈을 뜨게 되었다는 것.

뒷골목에서 만난 대구의 숨결 혹은 나의 민낯

인문학과 대구가 만난 사건 중에서 가장 인상 깊었던 일은 조합에서 진행한 '대구 뒷골목 기행'이었다. 대구를 기반으로 하는 문학, 예술 관련 강의를 듣고 관련 장소를 직접 찾아가는 이 답사는 내가 살고 있는 대구가 참 많은 것을 품고 있다는 사실을 깨닫게 했다. 조선 시대 서거정의 문학을 통해 대구의 옛 모습을 따라갈 수 있었다. 본관이 달성 서(徐)였던 그를 따라 벚꽃이 만개한 달성공원을 찾았고, 그곳에서 서상돈과 이상화 등 일제강점기를 살아간 이들의 흔적을 발견한다. 일제의 수탈 앞에서 당당하게 경제적 독립을 꿈꾸고, 우리 민족에 닥친 시련과 극복 의지를 시를 통해 승화했다. 이상화 시비(詩碑) 앞에서 흩어지는 꽃잎과 함께 날렸던 비올라 선율은 그들에게 바쳐진 선물이었다. 강좌를 개설하신 선생님의 제자들이 자발적으로 준비한 이 즉흥적인 무대는 공원을 찾은 많은 시민들과 함께 '지금-여기'에서 1930년대 이상화를 만나게 했다. 이곳 대구를 살다 간 시인 이상화. 그는 자신에게 닥친 시대의 비극을 잊어버리거나 외면하지 않았다. 일제강점이라는 시대 현실을 예술이라는 공통감으로 승화한 이상화의 시는 몽환적 낭만의 방식에서 민족 비애와 저항의 방식으로 시 세계를 펼쳐갔다. '간도와 요동벌로 주린 목숨 움켜쥐고 쫓겨가'는 당대 사람들을 보며, '어둔 밤 말없는 돌을 안고서 취한 피울음'을 울어간 시인의 절실함을 만난다.

미처 꺼내보지 않았던 선물을 뜻하지 않게 풀어보았을 때의 놀라움이랄까? 대구 뒷골목 기행에서 만난 건 바로 그런 느낌이었다. 서거정과 이상화의 달성공원을 둘러보고, 근처에 있는 오

꽃비 아래 그를 만났네 - 달성공원 상화 시비 앞에서

래된 국밥집에서 막걸리를 마시며 함께한 사람들의 온기를 느낄 때. 그리고 김광석 거리를 거닐다가 발길이 머무는 곳에서 나지막이 불러보는 그의 노래, 함께 부르는 여러 목소리에서 가슴 언저리가 따스해질 때. 그 순간 내가 마주치는 것은, 못다 한 숙제를 처리하듯 논문과 씨름한다고 연구실에 박혀있다면 절대 느끼지 못했을 감정이다. 그리고 그런 감정들과 함께 달려 올라온 것은 지친 삶의 무게에 휘청대는 나의 자화상이었다. 비단 김광석의 노래 때문만은 아닐 것이다. 익숙한 것에서 새로운 무언가를 발견했을 때, 좀 더 정확하게 말한다면, 너무 잘 알고 있어서 새로운 것을 전혀 기대하지 않았던 대상에게서 잊고 있던 소중한 무엇을 발견하게 되었을 때처럼. 전혀 새로울 것 없는 곳에서 잊고 지내던 나의 민낯을 발견한 것이었다. 누군가의 삶과 문학, 혹은 노래를 통해 잊고 지낸 자신의 모습을 발견하는 일. 그리고 그러한 작업을 누군가와 함께하며 사람의 온기를 나누는 일. 그것이 진정으로 내가 하고 싶은 일이었다는 사실을 떠올리게 된 것이다.

청소년들과 '몰랐던' 대구를 이야기하다

인문학과 대구는 강의실에서도 만난다. 2014년부터 '청소년 인문학 콘서트'라는 제목으로 진행되어 온 인문학 강의를 통해 대구 지역 고등학생들과 함께 우리 '대구'를 알아가고 있다. 한국연구재단의 지원을 받고 있는 청소년 인문학 콘서트는 인문도시 지원사업의 일환으로서 대구와 관련된 다양한 분야의 인문학적 주제를 강의와 체험활동 형식으로 다룬다. 총 3년간 진행되는 이 인문학 강의는 사업 첫해에는 일제감정기 이전의 대구를, 2년 차에는 한국전쟁 이후 대구의 다양한 면모를 살펴보게 된다. 그리고 3년 차에는 이천 년 이후 현재와 미래 대구의 다양한 가능성을 함께 생각하게 된다.

일제강점기 대구는 이상화, 이육사, 현진건 등 문학인들의 실제 고향이거나 문학적으로 성숙해나가는 지반으로서 역할을 한다. 그들은 자신들에게 닥친 시대 현실에 대해 침묵하지 않았다. 분노해야 마땅할 현실을 외면하지 않고, 시를 통해 슬픔과 분노를 드러냈다. 아름다운 저항시로 평가되는 이상화의 시편들, 일제강점기 극한의 상황에서 '강철 무지개'와 '백마 탄 초인'을 노래한 이육사의 '노래의 씨'. 수인번호 264번, 이육사의 최후가 보여주듯 그들은 시를 통해 저항과 해방을 노래했다. 그들의 시는 어두웠던 시대에 청년들이 내뿜었던 거룩한 분노였다. 분노해야 할 것에 분노하라! 그 시대를 대표하는 그들의 시 앞에서 우리가 배워야 할 것은, 아름다운 시편이라기보다는 분노하기를 거부하지 않았던 그들의 정신이 아닐까.

청소년과 문학을 이야기하다 - 청년들의 거룩한 분노

'지금-여기'에서 대구의 역사와 미래를 호출하는 방법

무엇보다도 그들이 시로써 저항했던 민족의 수난과 역사를 우리는 잊지 말아야 한다. '청소년 인문학 콘서트'를 통해 문학, 철학, 역사 등 과거 대구의 다양한 면모를 알게 된 학생들은 근대골목 기행 등 여러 인문 체험 활동을 하고 나서 자신이 알게 된 대구의 이야기를 글로 쓴다. 시내통을 돌아다니다가 혹은 통학 길 버스 창밖으로 무심히 지나쳐왔던 대구의 흔적이 보듬고 있는 이야기들에 아이들은 놀라게 된다. 그들의 글에는 대구가 담고 있는 이야기와 역사를 여태껏 알지 못했던, 그리고 알려고 애쓰지 않았던 자신에 대한 반성이 가득하다. 너무나 가까이 있어서, 너무나 익숙한 대상이어서 무관심했다고 고백하는 아이들. 그들은 조심스럽게 대구에서 발생한 근현대사의 사건들을 바라본다. 친일파 박중양에 의해 사라진 대구 읍성의 숨겨진 역사를 통해 친일파가 안정과 번영을 누리며 살아온 한국사회의 오늘날을 진단하는 어느 학생의 글. 해방공간 대구에서 일어났던 10월 항쟁을 이끈 보통사람들의 뜨거운 절규와 분노를 다시 떠올리며 할아버지에게 부치는 어떤 남학생의 편지. 대구에서 시작된 2.28 학생 운동을 생각하며, '응답하라, 1960'이라는 제목을 붙인 어느 소녀의 시. 시 속에는 '못 살겠다 갈아보자', '이뤄내자 민주주의'와 같이 1960년 대구를, 그리고 대한민국을 뒤흔들었던 사람들의 함성이 담겨있다.

청소년들과 뒷골목에서 놀다 – 대구 숨은 그림 찾기

 역사를 잊은 민족에게 미래는 없다는 처칠의 명언을 잊지 않고 덧붙이는 그 아이들에게서 이 시대 이 땅을 살고 있는 어른으로서 직무유기(職務遺棄)해 온 자신의 모습을 발견한다. 우리가 배워온 것, 그 과정에서 치열하게 고민해 온 것들을 좀 더 적극적으로 나누려고 애쓰지 못했다. 학문의 경계를 걷어내고 다양한 사람들과 소통할 수 있는 방식을 더 모색했어야 했다. 더 늦기 전에, 이제는 분과 학문의 경계를 넘어서 문학, 철학, 역사 등 사람살이의 다양한 분야와 연계하며 보통사람들이 친숙하게 다가올 수 있는 방식으로 그들과 만나야 한다. 시대 현실에 눈감지 않았던 대구 사람들, 그 삶의 결을 찾아서 오늘을 살아가는 이들에게 펼쳐 보여야 한다. 이곳 대구를 살다 간 사람들은 그저 역사의 방관자가 아니었음을, 부조리와 부패가 만연했던 당대 현실을 향해 분노하고 거침없이 함께 일어섰음을 2016년 지금-여기, 대구에 살고 있는 이들에게 이야기해야만 한다.

'지금 - 여기', 이육사는 무엇에 분노했을까?

다시, 대구! 희망은 있다

희망은 있다. 모든 아이가 그런 것은 아니지만, 알려지지 않은 대구의 이야기-히스토리를 뒤적이며 우리가 살고 있는 오늘을 짚어보려는 아이들이 있다. 대구를 풍미했던 문학과 예술, 숱한 사람들의 이야기와 사건을 통해 어떻게 살아가야 할지 고민하는 아이들이다. 수능이라는 입시제도에 결박당해 교사도 학생도 꼼짝할 수 없는 현 교육체제에서도 자신과 세상을 향해 시선을 거둬들이지 않는, 기특한 우리의 미래이다. 그 아이들이 자신에 대해, 그리고 내가 살고 있는 세상에 대해 다양한 시각으로 바라보고 자유롭게 사유하는 것. 그 통로를 만들어주는 것이 우리 인문학자들이 해야 할 일이 아닐까?

한 시인은 노래했다. 사람만이 희망이라고. 불모의 땅에 노래의 씨를 뿌렸던 이 땅의 시인들처럼 우리 또한 작은 씨앗을 뿌려야 한다. 어떻게 살아야 사람답게 사는 것일까. 늘 고민하고, 또 다양한 방식으로 시도하는 여러 사람의 삶을 나누다 보면 그 고민이 혼자만의 것이 아니라 여러 숨결이 겹겹이 모여 하나의 길이 될 수 있음을 깨닫게 될 것이다.

강의를 마치고 강의실을 떠나며 나는 학생들에게 이야기한다. 어떻게 살아야 할 것인가에 대한 생각을 멈추지 말 것을, 그리고 지금 내가 살고 있는 이 세상에 대한 시선을 거두지 말 것을.

골목과 타자 : 대구 근대골목

김민영

골목: 큰길에서 쑥 들어가 동네나 마을 사이로 이리저리 나 있는 좁은 길

쌍문동의 골목과 홍원동의 골목

Tv N에서 방영된 두 드라마가 있다. 1988년 쌍문동 어딘가 골목을 마주하고 사는 사람들의 이야기를 다룬 <응답하라 1988>과 1990년대부터 2015년에 이르기까지 홍원동 등에서 일어나는 사건들과 사람들의 이야기를 다룬 <시그널>이 그것이다. 사실 이 두 드라마를 한 범주에 묶고 이야기한다는 것은 장르상의 특징을 생각한다면 그리 일반적이진 않다. 필자는 두 이야기의 공통적인 '공간'에 대해 이야기를 꺼내 보려고 한다. '골목'이 그것이다.

<응답하라>의 골목은 가족드라마를 보여 주려는 의도에서

기인했기 때문이겠지만, 옆집, 뒷집, 앞집을 연결해 주는 '통로'로서의 역할을 충실히 하고 있다. 그래서 그 골목은 언젠가 걸었던 정감 있는 골목이라는 향수를 불러일으켰다. 이에 반해 <시그널>은 범죄드라마의 장르상 컴컴한 길, 혼자 걷는 길, 정적 속에서 누군가를 쫓거나 도피하는 뜀박질을 주로 보여 주면서 공포와 고통을 극대화했다.

<응답하라>의 골목과 <시그널>의 골목은 어째서 그렇게 달랐던가. 장르적 특징이라는 눈에 보이는 차이를 인정하면서, 필자는 이 질문의 해답을 골목 자체가 아니라 골목에서 등장하는 타인에게 집중한다. <응답하라>와 <시그널>의 골목은 외형상으로 유사하다. 차이가 있다면, <응답하라>의 골목은 밤이 아니라 낮에서 시작한다. 낮의 이미지와 함께 우리는 밤의 골목을 받아들이게 된다. 그러나 <시그널>은 밤에서 시작한다. 그래서 낮의 골목은 밤의 음산함과 공포의 연결선에서 보여 진다. 그러나 단지 낮, 밤이라는 시간적 배경이 차이의 근원이 아니라는 것은, 쌍문동의 밤을 생각해 본다면 분명해진다. 쌍문동의 밤 골목은 누군가를 마중하는 길, 누군가 배웅하는 길, 비를 피하는 누군가에게 우산을 씌어 주는 길이다. 동네 껄렁한 조무래기들에게 정봉이가 린치를 당하려는 찰나, 등장한 보라로 인해 그 골목은 테러의 골목이 아니라 잘못된 행동에 대해 꾸중하고 반성하는 곳이 된다. 무엇이 다른가?

바로, 골목에서 마주치는 **"사람들"**이다. <응답하라>에서는 낮이든 밤이든 골목을 걸어가는 사람들이 있다. 그 사람들은 대부분 나와 관계를 맺은 사람, 나에게 자신의 얼굴을 보여 주는 사람이다. 쌍문동에서는 어두운 골목을 걸어가다 뒤에서 들리는 발걸음 소리에 두려워하며 **빠른** 걸음을 걸을 때도, 그 골목길 어딘가에서 소리를 지른다면 짠하고 등장할 이웃이 있다는 것을 우리는 알고 있다. <시그널>은 어떤가. 홍원동의 골목에는 '이웃들'이 없다. 홍원동의 골목에서 사람들은 얼굴을 마주하고 있지 않다. 홍원동을 걷는 사람들의 눈에, 마음에 비치는 것은 땅과 벽, 돌, 흙. 그 골목에서 유일하게 만나는 사람은 살인자였다. 그 골목은 누군가 목이 졸려 버둥거려도 아무도 오지 않는, 아무도 만날 수 없는 곳이었다. 나의 '이웃'은 없었다.

골목의 재현

우리는 <응답하라>의 골목을 회상하면서 그 골목이 재현되기를 바랄 수도 있다. 혹은 <시그널>에 등장한 음산한 골목을 떠올리며 이제는 문화적인 가치로서만 골목이 존재하기를 바랄 수도 있다. 필자는 한 가지 의문이 들었다. 세상의 모든 골목이, 그 비밀스러움이 사라진다는 것은 골목이 나에게 가하는 위협이 사라진다는 것을 의미하는가? 아니면 그 친밀함과 가까움을 잃어버리게 된다는 것을 의미하는가?

대구의 골목이 있다. 생활 골목이 아니라 문화 골목인 중구 근대골목이다. 휴일의 근대골목은 다양한 사람들이 지나는 곳이 된다. 리플릿을 보며 하나하나 대조하며 걷는 사람들, 작은 마이크로 흘러나오는 문화해설을 들으며 여기저기 구경하는 사람들, 옛 병원 앞에서 스탬프를 찍는 사람, 멈춰 서서 사진을 찍는 사람, 지름길을 통해 바삐 길을 가는 사람, 음식점에서 식사를 하고 나오는 사람 등등. 근대골목은 표지판을 새롭게 정비하거나 연혁을 적어 놓거나 오래된 건물 앞에 작은 구조물을 만들어 놓거나 하는 등의 노력을 통해 대구에 가면 한 번은 가 봐야 할 곳으로 알려지게 되었다.

근대골목이라는 놀이터와 아이들

근대 골목을 거닐면서 추억을 꺼내보다

　근대로를 1-5코스로 정하고 거기에 스토리텔링을 입힌 것은 나름 성공적인 효과를 거두고 있고, 그래서 근대골목은 '골목'이라는 이름이 붙지만, 골목보다는 관광지로서의 역할을 하고 있는 것도 사실이다. 그래서 필자는 근대골목에 문화골목이라는 명칭을 붙인 바 있다. 그러나 주지했듯이 골목은 그 특성상 문화적인 역할만 담당하지는 않는다. 여타의 관광지와는 다른 의미를 지니고 있는 것이다. 골목은 스토리텔링을 따라 이동하는 사람들에게도 '통로'로서의 역할을 하고 있다. 그 길은 구경하는 길인 동시에 어떤 곳으로 연결해 주는 곳이다. 나는 거기서, 아니 그 골목을 매개로 누군가를 만난다.

골목은 **'관계'**를 불러 모은다. 시대의 변화에 따른, '관광화'를 통한 골목 재발견의 시도는, 오히려 자본주의가 요구하는 상업화의 시각에서 벗어나 골목에 타자들을 초대한다. 이제 그 골목은 골목에 대한 호의적 향수와 호의적 정감을 가진 타자들로 재발견된다. 아니, '나'는 골목에서 그 골목에 그려져 있는 그림 자체보다 나의 곁을 스치고 지나가는, 미소를 띤 사람들을 만나게 된다. 골목은 그 골목이라는 수단, 도구로만 존재하는 것이 아니라 골목에서 사람을, **'마주침'**을 가능하게 하는 장소가 된다. 그 골목으로 인해, 특히 그 타인이 나를 해치지 않을 것이라는 기대 속에서 '마주침'을 시작하게 된다. 표면적인 미감을 선사하기 위한 '골목'이 원래의 목적, 길과 길, 길과 사람, 사람과 사람을 이어주는 정체성을 다시 찾게 된다. 그렇게 골목은 길이라는 본래의 목적성과 골목이 주는 예측할 수 없음을 함께 함축하게 된다. 어디로 이어져 있는지, 아니면 막다른 길인지 가보지 않고는 모르는 골목은 모든 것이 한눈에 보이는 넓은 길이 우리에게 줄 수 없는, 예측불가능성과 그것으로 인한 스릴과 안도, 기대 이런 것들이 담겨 있다.

글머리에서 보여 준 골목의 사전적 정의는 '큰길에서 쏙 들어가 동네나 마을 사이로 이리저리 나 있는 좁은 길'이다. 골목은 큰길에서 벗어나 나의 비밀스러움을 간직할 수 있게 해 주면서, 동시에 큰길과 나를 단절시키지 않는 공간이 된다. 그러면서 그

'좁음'은 타자와의 가까워짐을 가능하게 하는 거리가 된다. 골목은 나와 타자가 같아지지 않으면서도 그 가까움을 위해 다가가는 장이 된다. 골목은 내가 타자와 직접적으로 만나는 자리인 동시에 그와 마주하면서 눈인사를 건넬 수 있는, 좁은 길을 지나치기 위해 어깨를 살짝 돌려줄 수 있는 그런 장소가 된다.

근대골목에서 시인을 만나는 아이

타자에 가까워짐으로서의 공간성: 골목

그러나 여전히 우리는 골목이 주는 그 공포와 두려움을 없애버릴 수가 없다. 꺾여진 골목 어딘가에서 누군가 나타날 것 같은 공포, 그가 나에게 위해를 가할 수도 있을 것 같은 두려움은 여전히 있다. 그럴 때, 근대골목이나 김광석 골목과 같은, 골목에 대한 문화적 터치는 적어도 이 길이 <시그널>의 골목이 아니라 <응답하라>의 골목일 것이라는, 그래서 누군지 모르는 사람이지만 '호의'를 가진 '그'를 대할 수 있음을 가능하게 할 것이다. 물론 모든 골목에 근대골목과 같이 스토리텔링을 입히고 문화적인 재정비를 한다는 것은 쉽지 않은 일이긴 하다. 다시, 의문은 꼬리를 문다. 그렇다면 '골목'은 왜 재조명되고 있고, 벽화나 구조물, 상징성 있는 스토리텔링 등을 통해서라도 살릴 필요가 있는가?

필자는 아이가 어릴 때부터 이런 말을 자주 했다. '난 네가 이 상황에서 왜 그렇게 소리를 질러야 하는지 이해할 수가 없어. 그러니 네가 그 이유를 설명해서 나를 좀 이해시켜 줘.' 얼마나 오만한 말인가. 그리고 얼마나 어리석은 말인가. 나는 '이해'로써, 그것도 언어라는 한 가지 표현방식만을 통해서 아이와 관계하려고 했던 것이다. 당연히 이런 이성적인 물음과 시도는 실패로 돌아갔고 그것은 아이의 화를 더 북돋우는 방식의 결과만을 초래했다. 나는 아이를 이성적으로 관찰하고 판단함으로써 그리고 정제된 언어를 통해서 아이와 멀어지려고 했고, 아이는 **아마도** 엄마의 멀어짐을 거부하고 싶었을 것이다. 내가 해야 하는 것은 '소리 지름'의 의미파악이 아니라 **아마도** 손을 잡아 주거나 하는 방식의, 내가 옆에 있으며 너의 마음을 이해하려고 노력한다는 몸짓이었을지도 모른다.

레비나스는 인식론적 욕망을 가진 사람들에게 경고의 역할을 한다. 우리는 통상, 열려 있는 세계를 원한다. 이때 열려 있음은 하이데거적인 의미에서 고려나 배려 염려의 관계를 의미하는 것이 아니다. 우리가 원하는 것은 인식론적으로 열려 있는 세계, 즉 인과관계가 명확히 밝혀진 내 눈앞에 그 실체와 그 의미가 환하게 열려 있는 세계이다. 어떤 모호함과 애매함은 우리를 불편하게 만드는 것이다. 따라서 우리는 레비나스가 빛으로 표현했던, 이성의 빛을 어둡고 비밀스러운 곳까지 구석구석 모두 비춰주고 싶은 욕망을 갖는다. 그것은 인간의 욕망이다. 그런데 우리 세계는 그리고 삶은, 특히나 죽음은, 나아가 타자는 …… 어둡다. 어두운 것은 밝혀져 있지 않음으로서 존재의미가 있다.

인식론적인 열려 있음은 열려 있어서 유동적이거나 수동적이라기보다 어떤 '완결성'을 지칭한다. 완결되어 있음은 닫혀 있음을 함축한다. 결국, 인과론적인 세계는 닫혀 있음을 목적으로 하는 세계관이다. 레비나스에게 죽음은 어떤 형태로든 규정할 수 없는 것, 인식론적인 틀 속에서 이해될 수 없는 것이다. 그러므로 레비나스는 죽음을 모든 가능성의 불가능성이라고 불렀다. 타자는 나에게 죽음과 같은 절대적 타자성을 가진 자로서 온다. 그는 나와 '같거나', '동류의' 것이 아니다. 타자는 '타자'다. 우리가 타자와 담화 속에서 포착하는 것은 그는 언제나 나의 예측을 빗나가 있다는 것이다. 따라서 타자를 내 안에서 나와 유사한 것으로 이해하려는 시도는 언제나 실패하기 마련이다. 우리가 타자와 관계할 수 있는 유일한 길은 그가 '나의 예측을 빗나가 있는 자', '나의 이해를 벗어나 있는 자'임을 인정하는 것이다.

인식론적인 질서 속에서 세계를 이해하려는 오만, 이것은 그런 이해방식이 틀렸기 때문이 아니라, 인간의 근본적인 욕망은 제어되지 않고 인식론적인 세계는 필연적으로 그 '완결성' 혹은 '전체성'을 내포하고 있다는 역설 때문에 견제되어야 한다. 즉 인식론적으로 타자에, 세계에 다가가는 방식은 신비함, 두려움, 불편함 등으로 끊임없이 방해받아야 하고 간섭받아야 한다. 이것이 타자에게 가까워지는 방식, 즉 타자와 관계할 수 있는 방식이다. 너무 멀리 있는 타자와 나는 대면하지 못한다. 그러나 가까움이 지나쳐 나와 동일한 것으로 인식하게 될 때 타자는 제거된다. 나는 타자와 가까워지려고 노력하는 한에서 가장 가까울 수 있는 관계로 자리해야 한다. 그것이 얼굴을 마주 보는 관계, 그의 얼굴 전체에서 그가 전하려는 말을 듣는 관계가 된다. 내 앞에 등장해서 나 아닌 자가 있음을 일깨우는 그는, 그에게 대답할 수 있는 유일함으로서의 나의 주체성을 부여하는 자이기 때문이다.

골목은 가깝지만 같아지지 않음을 이해할 수 있는 탁월한 공간성이다. 골목이 아닌 길에서 타자는 나를 '지나친다'. 또한 하나의 공간에 층층이 쌓아 올린 주거지는 타자와 나의 거리가 '부재하는' 공간이다. 골목으로 나누어진 주거지는 나 자신의 공간을 확보해 줌으로써 나를 '나 자신'으로 존재하게 만들어 줌과 동시에, 좁은 길로서 골목이라는 거리를 유지함으로써 골목 건너의 타자를 나 자신과 동일시하지 않게 만들어 준다. 나는 골목을 통해 위협적인 타자를 만날 수도 있지만, 골목을 통해 내가 손을 내밀어 줄 수 있는, 나와 같은 공동체에 속한 타자를 만날 수가 있다. 그것은 '호의'로서의 웃음 그 이상을 줄 수 있는 본질적 관계이다.

알폰소 링기스에 따르면 우리는 타자공동체, 즉 죽음의 순간을 공유하는 공동체의 한 사람이 되어야 한다. 골목에서 불쑥 튀어나오는 자가 쌍문동의 이웃일 수도 있고, 홍원동의 살인자일 수도 있다. 그러나 적어도 우리가 그 골목에서 마주치는 누군가에게, 희생당하는 그가 죽어가는 숨을 지켜 줄 수 있는, 그 손을 잡아 줄 수 있는 단 한 사람이 될 수 있다면, 그 골목은 살인자에게 희생될 골목이 되기 이전에 누군가를 구해 줄 수 있는, 그에게 내 책임을 다할 수 있는 곳이 될 수도 있을 것이다. 골목을 통해 우리가 이루어야 할 공동체는 타자의 모든 것을 알고 이해하는 방식이 아니다. 우리는 '마을'이라는 공동체의 일원으로서 '지역'이라는 특성이나 '혈연'이라는 특성이나 '정치적 성향'이라는 특성을 공유할 필요가 없다. 다만 우리는 골목을 지나는 순간을 함께 한다는 그것으로 인해 그의 외마디 비명에 반응할 수 있는 유일한 자이며, 두려움에 떠는 목소리에 대답할 수 있는 유일한 사람이 될 수 있다는 것이다. 그때 골목은 타자에게 가까워짐을 가능하게 하는 윤리적 공간이자, 현실적인 안전함의 공간이 될 것이다.

골목에서 만나는 호의와 웃음

약전골목에서 행복을 찾다

이상형

현재 대구 이야기, 대구 근대골목투어

얼마 전 아이들과 약전골목을 누빈 적이 있었다. 마침 지인의 부탁으로 한약방을 알아보던 중이었다. 그때 내 눈에 들어온 글귀는 '대구 근대골목투어'. 아이들에게 대구와 대구의 역사도 알려줄 겸 시간을 내 투어에 도전하였다. 내 가족이 선택한 투어 코스는 제2코스인 약전골목과 이상화, 서상돈 고택 그리고 계산성당과 구 제일교회 등이었다. 대구에서 태어나고 자란 나에게 이 모든 것은 눈에 익숙한 것이었으나 관심을 두고 본 거리는 예전의 익숙한 거리가 아니었다.

고층 아파트 옆의 작은 고택. 어딘가 조화롭지 못한 장소지만 근대와 현대의 공존이라 말할 수 있을까? 또한 도심의 성스러운 공간 계산성당! 많은 이들의 기도와 바람으로 세워졌을 것이다. 그러나 투어를 하며 나를 가장 혼란스럽게 한 건 내가 지금 걷고 있는 이 길이 예전 성벽 위라는 것이다. 근대투어라는 것은 근대의 대구 모습을 찾는 과정이거나 대구 근대의 흔적을 돌아보는 일일 것이다. 지금의 '내'가 과거의 '나'로부터 형성된 것이듯이, 오늘의 대구도 어제의 대구에서 만들어졌기에 지금의 대구를 알기 위해서는 과거의 대구를 아는 것이 필연적이다. 그런데 어제의 대구와 오늘의 대구가 이렇게 차이가 나는 이유는 무엇일까? 오늘의 대구에서 과거의 대구를 연상하는 일이 불가능할 정도로 대구읍성은 파괴되었고 지금은 상상하기도 어려운 모습만 남아 있을 뿐이다.

예전의 대구 이야기, 대구읍성

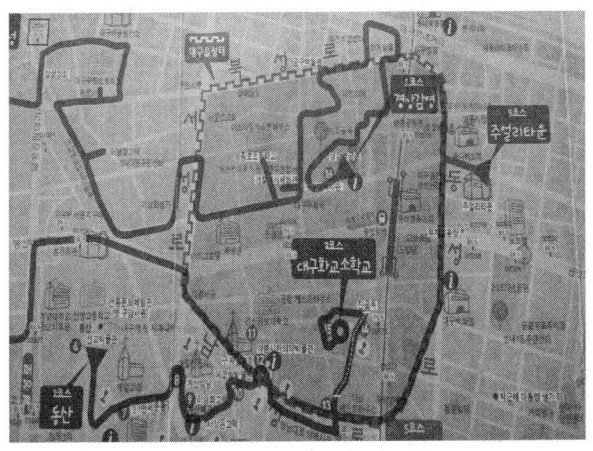

지금의 대구에서는 흔적도 찾기 어려운 대구읍성의 모습은 어떠했을까? 지금 내가 서 있는 이곳은 예전에 어떤 모습이었을까? 1888년경 대구를 찾은 프랑스인 샤를 바라는 <조선기행>에 대구 읍성에 대해 다음과 같이 쓰고 있다.

"수행인들의 호위를 받으며 가마를 타고 성벽 위에 올라갔다. 둥근 길을 따라 쌓여진 그 성벽은 북경의 성벽을 축소한 것 같았다. 사방 성벽의 각 면에는 웅장한 성문이 서 있었다. 그 성문에 잇는 정자 안에 들어가면 과거 역사를 나타내는 여러 가지 그림과 조각이 있다. 그곳에 올라서 나는 가을 햇빛 아래 찬란한 색채를 발하며 전원 사이를 굽이치는 금호강의 낙조를 감상했다. 내 발 아래로 큰 도시의 길과 기념물과 관사들이 펼쳐져 있었다. 서민들이 사는 구역에는 초가지붕이 이마를 맞대고 있었으나, 양반들이 사는 도시의 중심부에는 우아한 지붕의 집들이 서 있었다. 꼭대기와 가장자리가 교묘하게 굽어진 지붕의 기와들은 직선과 곡선이 잘 어울려 절묘한 선의 조화를 이루었다."

샤를 바라, 성귀수 역, 『조선기행』 중

대구읍성은 정부의 금지에도 불구하고 박중양과 일본인에 의해 파괴되었다. 그것도 그렇게 오래되지 않은 1907년에. 조선시대 1736년 건설되어 이어져 온 읍성이 겨우 100년 전에 파괴되어 지금은 흔적도 볼 수 없다는 것이 너무나 아쉽고 안타까울 수밖에. 외국인의 눈에도 그렇게 아름다운 모습을 가졌던 읍성은 이제 흔적만으로 상상을 통해서만 그려볼 수 있다. 성벽을 철거한 자리가 그대로 도로가 되어 북성로, 동성로, 서성로, 남성로의 이름으로만 존재하는 것이다. 대구읍성이 대구의 발전에 방해가 되었기 때문일까? 과연 우리는 이를 발전이나 근대화라는 이름으로 부를 수 있을까?

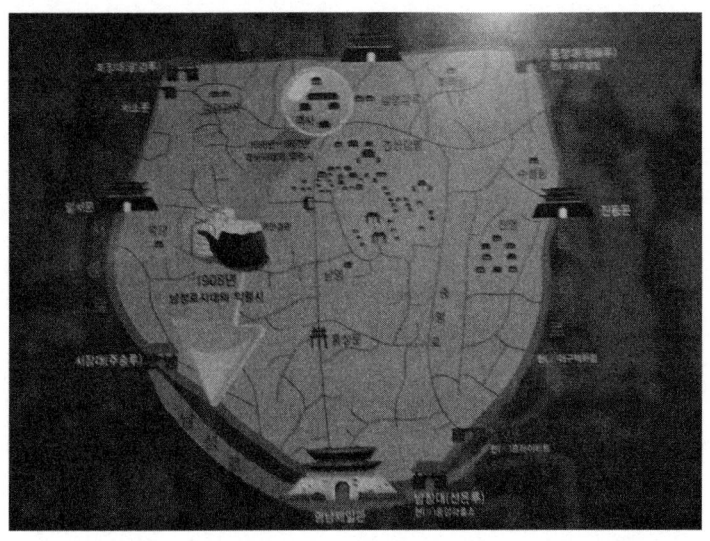

대구의 근대화 이야기

근대화는 자율에 의한 방법과 타율에 의한 방법이 있을 것이다. 자발적으로 근대화를 수행하느냐 아니면 타의에 의해 근대화 과정을 겪게 되는가에 따라 구별될 수 있다. 그러나 이 구별이 중요한 이유 중 하나는 자발적으로 된 근대화는 합리성이 증가하는 반면 타율적인 근대화는 강제를 통한 폭력성이 증가한다는 것이다. 왜냐하면 타인에 의한 근대화는 합리성의 한 부분, 도구적 이성의 증가로만 이어지며 이 기준에 벗어나는 모든 것은 배제되기 때문이다. 내부로부터 자발적인 근대화 과정은 내부의 이야기에 귀를 기울이게 된다. 우리에게 무엇이 문제이며 어떻게 그 문제를 해결해야 할지 서로 대화를 나누며 문제해결을 위해 합의를 중시하게 된다. 하버마스가 말하는 의사소통적 합리성이 발휘되어야 하는 것이다. 그러나 외부로부터의 근대화, 합리화 과정에서는 이 땅에 살아온 사람들의 이야기는 중요하지 않게 된다. 외부로부터 온 낯선 이들은 근대화의 대상인 이 땅 사람들의 이야기에 귀 기울일 필요가 없다. 단지 자신의 편의와 효용에 따라서만 발전될 필요가 있다. 그렇다면 이용가치가 있는 또는 필요가치에 따른 발전만이 있을 뿐이다. 이는 결국 그들의 목적에 따라 수단적 가치가 있는 것만이 중요한 가치를 획득하는, 목적합리성에 따라 모든 것이 판단되는 것이다. 철도가 놓이고 산업이 발전하는 것도 모두 그들의 이익에 효율적이기 때문이다.

이런 타인에 의한 합리화가 우리에게 치명적인 위험이 되는 것은 그들이 떠나고 나서도 이런 사유방식이 우리에게 여전히 남아 있다는 것이다. 우리가 나의 삶과 우리 공동체의 삶을 판단하고 행동할 때 이런 합리화의 기준에 따라 옳고 그름이 구별되는 것이다. 행복이 도구적 이성에 따라 판단된다면 어떻게 될까? 도구적 이성은 어떤 목적을 성취하기 위해 가장 효율적인 방법을 선택하는 능력이다. 따라서 도구적 이성은 나를 제외한 모든 것을 목적에 유용한 수단으로 바라보게 한다. 내 목적에 도움이 된다면 유용한 것이며, 그렇지 않으면 대상은 폐기될 수 있다. 이 관점에서 자연은 나에게 기분전환이나 위안거리가 된다면 효용가치가 있기에 쓸모가 있다. 그러나 만약 내가 자동차를 사고 자동차로 길을 갈 때 방해가 된다면 자연은 도로로 만들어져야 할 대상일 뿐이다. 나의 친구가 내 행복에 도움이 된다면 쓸모 있지만 그렇지 않은 사람들은 내 친구가 될 수 없다. 리오타르가 말하듯 이런 조건에서는 과학적 진리와 사회적 정의에 대한 정당화는 체계 수행의 극대화, 즉 효율성에 있게 된다.

따라서 도구적 이성이 지배하게 될 때 행복의 개념 또한 변하게 된다. 오늘날 우리 행복의 척도는 '돈'이다. 서점에서 가장 많이 팔리는 책 중의 하나가 자기계발서이다. 돈이 많으면 행복할 거라 생각하는 것도 나의 행복을 수단으로 바라보는 것이다. 우리는 돈으로 내가 원하는 것을 사고 원하는 것을 할 수 있을 때 행복하다고 느끼게 된다. 나는 돈의 양만큼 자유롭고 행복하게 된다. 그러나 누구나 돈을 많이 벌수는 없다. 물질은 제한되어 있기에 누구 한명이 많이 가지면 다른 이는 적게 가질 수밖에 없다. 정신적 가치가 포괄적이지만 물질적 가치는 배타적이다. 내가 많이 가지면 남이 가지는 양은 줄어들 수밖에 없다. 그 남이 되지 않기 위해 우리는 필사적일 수밖에 없다. 남보다 더 많은 양을 가지기 위해 또는 생존을 위해 나의 모든 시간을 투자할 때 나의 삶은 절박해진다. 경제적 활동, 효율적 사고방식이 나의 삶을 지배할 때 나는 내가 사는 것이 아니라 돈을 위해 내가 사는 것이다. 나는 현대의 새로운 노예가 된다.

그러나 이런 성공적 삶을 위한 노력은 필연적으로 타인의 희생이나 타인과의 충돌을 불러올 수밖에 없다. 생존을 통한 웰빙은 타인과 충돌하고 나는 소외되며 익명의 누군가에게 기댈 수밖에 없다. 이제 웰빙은 힐링을 통해 구제되어야 한다. 성공적 삶의 고단함을 벗어나 힐링을 통해 새로운 행복을 찾을 때 우리의 시선은 다른 곳에 머물게 된다. 자기계발의 한계를 인정한 사람은 서점에서 자기계발서 뒤에 자리한 자기수양서를 보게 된다. '천천히 가는 삶', '마음의 평화', '욕심을 줄여라!' 돈을 많이 벌지 못한다면 행복을 위해 욕구를 줄일 수밖에 없다. 나의 욕구를 줄이기 위해서나 힐링을 위해 우리는 자신의 내면을 닦아야 한다. 종교를 찾거나 산을 찾으며 또는 친구의 위안으로 다시금 힘을 얻는다. 또는 잠시 행복한 순간을 찾는다.

그러나 이런 마음의 평화로 모든 것은 끝나는가? 때로 문득

드는 생각은 나는 이제 행복한가이다. 나는 지금 잘 살고 있는 것일까? 혹시 나 혼자 평화로운 것은 아닌가? 모르지만 옆 동네의 누가 아파하거나 억울함을 듣게 될 때 나의 마음도 불편하지 않는가? 자본주의 사회에서 자본의 논리를 벗어난다는 것은 불가능에 가까울 수 있다. 내가 자본주의의 논리에 빠져 성공적 삶을 위해 노력하든지 아니면 그 논리를 벗어나기 위해 내면을 추구하든지 간에 우리는 결국 지금 세상의 기준에 의해 움직이고 있는 것이다. 즉 스스로가 아니라 타자에 의해 나의 행동과 삶은 결정되는 것이다. 그러나 이런 타자에 의한 계몽은 항상 자신을 왜곡시키게 된다. 돈을 찾든지 아니면 지쳐서 내 마음의 평화를 찾든지 이 모든 것은 결국 외부의 강제에 대한 반작용의 결과인 것이다. 대구의 근대화나 계몽 또한 타인의 강제에 의한 것이기에 그로부터 행복을 구하는 것은 결국 잘못된 행복일 뿐이다.

새로운 미래 이야기, 대구의 행복을 준비하며

그러나 대구의 근대화가 그 첫 단추를 잘못 끼었다고 모든 것을 부정할 수는 없다. 대구의 출발은 그 역사가 이미 오래전인 청동기 시기까지 거슬러 간다. 대구 지역에 토성을 쌓기 시작한 시기는 기원후 3세기부터이다. 그동안 수많은 사람이 이 지역에 터를 잡고 삶을 영위해 나간 것이다. 이런 전통과 역사에서 오늘의 나와 대구가 존재한다. 한순간 한 시기가 잘못되거나 왜곡되었다 하더라도 전체의 역사를 부정할 필요는 없을 것이다. 그렇다면 나의 행복과 대구의 행복, 대구의 미래를 이야기하기 위해서는 이제 오늘의 대구가 중요하다. 나의 미래는 오늘 내가 무엇을 생각하고 무엇을 하고 있는가에 달렸기 때문이다. 오늘의 대구는 지금 우리의 태도와 삶, 가치관에 의존한다.

그렇다면 이제 나의 행복, 대구의 행복은 어떻게 가능할까? 또는 가능할 수는 있을까? 최소한의 단서는 주어져 있다. 즉 나의 행복은 나에게, 대구의 행복은 대구 사람들에게 달려 있다는 것이다. 나의 행복은 나를 찾는 과정이 선행되어야 한다. 나는 누구인가? 나는 무엇을 좋아하는가? 나 스스로가 주체적 관점에 설 때 나는 타인의 기준에서가 아닌 나의 기준에서 나의 행복을 찾을 수 있다. 나는 이 세계의 누구와도 다른 사람이고 지금까지 모든 존재와도 구별되는 유일한 것이다. 나만의 독자성을 찾아야 한다. 대구만의 독자성을 찾아야 한다. 오늘날 자신의 꿈이 무엇인지조차 알지 못하는 사람들이 점점 늘어가고 있다. 이는 그만큼 우리가 외부에 의존적이 되었기 때문이다. 나를 보는 시간이, 나를 향한 시간이 줄었기 때문이다. 나는 나의 기준을 찾기 위해 나를 먼저 바라보아야 하지 않을까?

그러나 여기서 또한 잊어버려서는 안 되는 것이 있다. 나는 누구와도 다른 사람이지만 나는 또한 사람이라는 공동성을 가지고 있다는 것이다. 내가 바라는 선(善)은 또는 행복은 개인적 행복이지만 이 행복은 공동체에서부터 올 수 있다. 나 혼자 성공하더라도 행복하지 못한 이유는 무엇일까? 이는 인간의 사회성으로 설명되어야 한다. 아리스토텔레스가 말하듯 성공한 사람도 친구가 없다면 결코 행복할 수 없는 것이다. 친구는 제2의 자아로 설명되기도 한다. 만약 친구가 제2의 '나'라면 당연히 나는 친구의 행복을 바랄 것이다. 왜냐하면 친구의 행복이 바로 나의 행복이기 때문이다. 개인의 행복이 사회적 행복과 밀접하게 관련 맺고 있다는 것을 오늘날은 점점 인식하기 어렵다. 오늘날 지배적인 개인주의는 나와 남을 분리하며 타인의 이익은 곧 나의 불이익으로 생각하기 때문이다.

그러나 우리는 쉽게 알 수 있다. 사회의 1%의 재산이 나머지 99%의 재산보다 많을 때 결국 그 사회는 저성장의 늪에 빠지게 된다. 99%의 구성원들에게 더는 소비할 여력이 없기 때문이다. 자본주의가 개인의 행복을 보장하기 어려운 이유 중 하나도 공동체의 삶에 대한 배려와 복지가 부족하기 때문이다. 우리는 조금 더 따뜻한 자본주의를 만들 필요가 있다. 이를 위해 우리는 먼저 친구를 만들어야 한다. 나와 모르는 사람도 환대할 수 있어야 한다. 우리는 예전에 환대의 전통을 가지고 있었다. 모르는 집에 가서도 '이리 오너라!'라고 말할 수 있었던 전통을 갖고 있다. 같은 공동체의 구성원은 같은 운명에 놓여 있으며 그 공동체의 운명과 선에 함께 책임을 지고 있다.

오늘날 우리의 인간관계는 무한히 확장되기도 한다. 예전에 볼 수 없었던 SNS는 우리가 모르던 사람들의 이야기를 알게 하고 전혀 접하지 못했던 다른 이의 삶과도 하나의 끈으로 닿아 있다. 나비효과라는 것이 괜한 것이 아니다. 친구의 친구의 친구라면 이제 모두가 나의 친구일 수 있다. 다른 이의 선을 바라는 우정은 이제 공동체 전체로 확장될 수 있다. 대구읍성의 복원이 이제 힘들지만, 그 길 위에 선 하나를 새로 그을 수는 없을까? 예전의 우리 이웃 분들, 또는 낯설지만 우리의 친구들이 살았고 또 지금의 친구들이 삶을 영위하는 곳을 소중히 대해야 하지 않을까? 대구 근대화란 산업화의 과정에서 잊혀진 우리 이웃의 이야기를 찾고 그들과의 대화를 복원하는 과정이 되어야 한다. 이 과정을 통해 우리는 진정한 근대화, 합리화를 찾고 나의 행복뿐만 아니라 우리 모두의 행복을 위한 길을 갈 수 있을 것이다.

제2장

대구의 공간에서 추억을 만나다.

이상화, 일제강점기 독립의 열망을 시로 풀어내다

김재웅

이상화의 눈길이 머문 감나무와 석류나무

이상화 고택에는 일제 강점기 저항시인의 숨결을 느껴보기 위해 수많은 관광객이 방문하고 있다. 나는 이상화 고택의 마루에 걸터앉아 시인의 고뇌와 숨결을 생각해 보았다. 고택에는 시인의 문학세계를 이해하는 데 도움을 주는 자료가 전시되어 있다. 이상화 시인(詩人)은 1939년부터 1943년 숨지기 전까지 대구 계산동 집에서 살았다. 계산동 집은 이상화 시인의 흔적이 남아있는 유일한 공간이지만 아파트 건설로 사라질 위기에 처했다. 이 소식을 들은 시민들의 적극 참여로 이상화 고택은 현재의 모습으로 보존된 것이다. 새로 복원된 고택에는 이상화 시인의 흔적을 찾아보기 어렵다. 하지만 감나무와 석류나무는 이상화 시인의 모습을 기억할 것 같아 정말 반가웠다.

이상화 고택의 석류나무는 시인의 모습을 기억하고 있을까?

대구에서 출생한 이상화 시인은 부친이 일찍 작고하여 큰아버지 이일우의 손에 자라게 되었다. 당시 재산이 많았던 이일우는 '우현서루' 글방을 만들어 책을 갖추고 인재를 양성했다. 시인의 맏형 이상정은 만주로 망명하여 독립운동에 투신했던 인물이다. 이상화는 1922년 동경에 유학을 갔으나 관동대지진으로 한국인이 사살되는 현실을 목격하고 1924년 귀국했다. 이 사건으로 이상화는 민족의식을 깨우치는 계기가 되었다.

이상화 시인에게 고향은 어떤 공간일까? 시속에 펼쳐진 고향 대구의 이미지는 '생의 원형'을 희구하는 영원의 노스탤지어였다. 이상화 시집에 등장하는 <지반 정경>은 팔공산 파계사 용소에서 느낀 감회를 읊었다. <나는 해를 먹다>는 벼 이삭이 풍요롭게 늘어선 금호강 주변의 과수원에서 능금을 먹는 풍경을 보여준다. <대구 행진곡>은 비슬산과 팔공산 사이로 흐르는 금호강을 비롯하여 달성과 방천, 대구 감영 등과 같이 대구의 지리와 역사를 소개하고 있다. 이상화는 고향인 대구의 풍경을 시적 형상화로 창조하고 있다.

피로 쓰는 시와 시의 생활화

일제강점기 시인은 시만 잘 쓰면 되는가? 시는 상징성과 은유적 표현력이 매우 중요하다. 문학적 상징과 은유적 표현을 잘하면 시인이 될 수 있는가? 이상화는 '시인은 뜻이 고결해야 한다'고 주장했다. 이상화의 오랜 친구 백기만은 "시는 시인이라야 쓰는 것이다. 시인은 인간의 올바른 길을 찾고 아름다운 세계를 만들려고 애쓰는 사람들이다." 라고 주장했다. 특히 이상화 시인은 '진리를 찾자', '올바르게 살자', '민족을 구하자', '세계를 만들자', '인류에게 이바지하자' 등과 같이 5가지의 생활철학을 가지고 살았다고 한다. 이상화는 탐욕과 불의와 추악을 증오하고 아름다움을 추구했던 시인이다.

이상화는 식민지 지식인의 고뇌와 방황을 온몸으로 겪은 시인이다. 일제 강점기를 살아가는 지식인의 고뇌와 방황은 개인적인 문제가 아니었다. 나라를 잃어버린 시인이 무엇을 할 수 있을까? 어떻게 살아야 할 것인가에 대한 고민과 방랑이 그를 괴롭혔을 것이다. 일제의 강압에도 흔들리지 않고 올곧은 시인의 삶을 살았던 이상화는 독립의 열망을 시로 노래했다. 비록 43년간 짧은 생애를 살았지만, 독립에 대한 열망은 누구보다 절실했다. 우리가 이상화 시인을 높게 평가하는 까닭은 항일독립과 민족정신을 시로 노래했기 때문이다. 당시 시는 묵(墨)으로 쓰는 것이 아니라 피로 써야만 했다.

이상화 시인의 모습

이상화 시인은 <시의 생활화>를 통해서 시(詩)가 관념 표백에서 의식 실현으로 변화해야 한다고 말했다. 1925년 그는 "시는 어떠한 국민에게든지 항상 그 국민의 사상 핵심이 되고 그 국민의 생명 배주(胚珠)가 됨에서 비로소 탄생의 축복과 존재할 긍정을 받는 것이다." 라고 주장했다. 축복과 긍정은 시 자체의 의식 표현을 암시하는 말이다. 그러므로 시인은 '사상의 비판자'이자 '생활의 선구자'이어야 한다. 이는 모두 나의 의식과 생명에서 나와야 한다고 말했다. 따라서 이상화는 우리의 생명이 생활 속에서 발현되듯이 시를 생활화해야 한다고 역설하고 있다. 어쩌면 오늘날 우리의 현실과 정말 부합하는 시론이기도 하다.

봄 신명, 빼앗긴 들에 찾아온 희망

3.1운동과 연관되어 서울로 피신한 이상화 시인은 박태원의 하숙방에서 함께 살았다. 그곳에서 이상화는 음악과 영문학에 조예가 깊은 박태원에게 인생과 예술에 관한 영향을 받았다. <나의 침실로>는 격심한 번민으로 허무의 경지에 빠졌을 때 작가가 평안을 얻고 싶은 심리적 충동을 담고 있다. 이상화는 마돈나의 '수밀도 같은 젖가슴'에 뜨거운 머리를 파묻고 백팔번뇌를 잊어 보려는 강렬한 감정을 읊조리고 있다.

1920년대 만주와 간도로 떠난 이주민이 너무 많아서 사회적 문제가 되었다. 민족의 참상을 목격한 뒤에 이상화 시인의 시는 급격히 달라진다. 이상화는 낭만 취향의 상화(想華)라는 아호를 혁명 지향의 상화(尙火)로 고쳐 쓴 것도 이와 무관하지 않다. 지금까지 환상적 낭만적 시에서 조국과 현실에 눈을 뜨게 되었다. 이상화의 <빼앗긴 들에도 봄은 오는가>는 항일 저항시로 유명하다. 이 시가 발표된 ≪개벽≫ 폐간의 계기가 된 작품인 만큼 치열한 저항적 표현을 주목해야 한다.

빼앗긴 들에도 봄은 오는가

지금은 남의 땅-빼앗긴 들에도 봄은 오는가?

나는 온몸에 햇살을 받고
푸른 하늘 푸른 들이 맞붙은 곳으로
가르마 같은 논길을 따라 꿈속을 가듯 걸어만 간다.

입술을 다문 하늘아 들아
내 맘에는 니 혼자 온 것 같지를 않구나
네가 끌었느냐 누가 부르더냐 답답워라 말을 해 다오.

바람은 내 귀에 속삭이며
한 자욱도 섯지 마라 옷자락을 흔들고
종다리는 울타리 너머 아씨같이 구름 뒤에서 반갑다 웃네.

고맙게 잘 자란 보리밭아
간밤 자정이 넘어 내리던 고운 비로
너는 삼단 같은 머리를 감았구나 내 머리조차 가뿐하다.

혼자라도 가쁜이나 가자
마른 논을 안고 도른 착한 도랑이
젖먹이 달래는 노래를 하고 제 혼자 어깨춤만 추고 가네.

나비 제비야 깝치지 마라
맨드라미 들마꽃에도 인사를 해야지

아주까리 기름을 바른 이가 지심매던 그들이라 다 보고 싶다.

내 손에 호미를 쥐어 다오
살찐 젖가슴 같은 부드러운 이 흙을
발목이 시도록 밟아도 보고 좋은 땀조차 흘리고 싶다.

강가에 나온 아이와 같이
짬도 모르고 끝도 없이 닫는 내 혼아
무엇을 찾느냐 어디로 가느냐 우스웁다 답을 하려무나.

나는 온몸에 풋내를 띠고
푸른 웃음 푸른 설움이 어우러진 사이로
다리를 절며 하루를 걷는다 아마도 봄 신명이 잡혔나보다.

그러나 지금은 들을 빼앗겨 봄조차 빼앗기겠네.

이 작품에 등장하는 하늘과 들이 맞붙은 곳은 대구 수성들판이라고 한다. 지금은 도심지로 변했지만, 당시에는 넓은 들판이 펼쳐진 곳이다. 수성못에는 <빼앗긴 들에도 봄은 오는가>를 새긴 비석이 조성되었다. 이상화는 <빼앗긴 들에도 봄은 오는가>를 통해서 나라를 빼앗긴 민족의 아픔을 형상화하고 있다. 빼앗긴 들에 찾아온 봄 신명을 통해서 시인은 식민지의 억압과 구속을 벗어나 정신적 자유와 희망을 서정적으로 노래하고 있다.

이상화 시인이 그토록 갈망하던 빼앗긴 들을 되찾았다. 일제의 폐망으로 들은 되찾았지만 진정 봄이 왔는지는 되묻지 않을 수 없다. 들을 되찾으면 봄도 쉽게 되찾을 것으로 생각했다. 해마다 봄이 찾아오지만 팍팍한 생활에 시달리는 내 삶의 봄은 언제 올지를 성찰해야 한다. 내 삶의 봄은 인문학적 신명이 집혀야 비로소 보이기 때문이다.

한동안 열기를 띠며 왕성했던 이상화의 시가 한결 누그러지면서 국토 찬미 또는 비애스런 식민지 현실을 풍자하는 방향으로 변모한다. 저항의 열기가 가라앉은 대신 상징성을 띠며 암울한 시대에 대한 우회적 접근을 시도한 것이다. 당시 이상화는 중국에 가서 이상정 장군을 만나고 돌아온 후 4개월 동안 감금되었기 때문이다. 감옥에 갇힌 시인은 아들의 죽음을 애통해 하는 아버지의 심정을 통해서 민족적 비애를 형상화 하고 있다.

이상화 시에는 로맨스가 숨어 있다

이상화 시인의 시에는 여성 편력이 숨어있다. 여성과의 사랑은 시 창작에 투사되기 마련이다. 이상화 시인은 세 명의 여성과 사랑의 로맨스를 보여준다. 첫 번째는 여고를 졸업한 손필련이다. 손필련은 서울 냉동 박태원의 하숙에서 알게 된 여인이다. 이상화는 손필련에 대한 애틋한 마음이 있었을 것으로 짐작된다. 하지만 공주 출신의 서순애와 결혼하면서 첫사랑의 감정은 사라진 것으로 보인다.

두 번째는 동경 유학시절에 사귄 유보화이다. 관동 대지진 이후 이상화가 귀국하면서 그 여인도 함흥으로 귀향했으나 폐병으로 사망했다. 백기만에 의하면 "뜰에 가랑잎이 뒹구는 어느 날 밤에 유보화는 상화의 무릎에 얼굴을 묻은 채로 눈감고 말았다."라고 회고했다. 이러한 애틋한 사랑을 담은 작품이 <이별을 하느니>이다. 박종화는 이상화와 유보화의 관계가 친밀했음을 증언해주었다. 더욱이 백기만은 <나의 침실로>, <이별을 하느니> 등은 유보화의 죽음으로 태어난 작품이라고 했다. 그런데 창작 연대와 유보화의 죽음이 일치하지 않은 문제가 있다. 그렇다고 이들 작품이 유보화와 아무런 연관이 없는 것은 아니다. 이상화는 일제 강점기 지식인의 고뇌와 사랑하는 여인 유보화의 죽음이 뒤엉켜진 허무와 우울의 고통을 시에 투사한 것으로 보인다.

세 번째는 기생 송소옥이다. 송소옥은 치정에 가까운 연애라고 백기만이 서술하고 있다. 유보화를 잃고 마음을 다스릴 수 없어서 찾았던 기녀가 바로 송소옥이다. 이상화와 송소옥은 5년 동안 연애를 지속했는데 그의 생에서 가장 길었다. 이 때문에 이상화와 송소옥 사이에서 둘째 아들 웅희가 태어났다. 당시 이상화는 두 번째 감옥살이를 하고 있었는데 출옥도 하기 전에 웅희가 사망했다. 이 안타까운 사연을 닮은 시가 바로 <곡자사>이다. 이상화는 "귀여운 네 발에 흙도 못 묻혀/ 몹쓸 이런 변이 우리에게 온 것/ 아, 마른하늘 벼락에다 어이 견주랴"라고 애통한 아버지의 심정을 읊고 있다.

이상화 시인의 시비 앞에서 추모 연주를 하다

시의 생활화, 자본의 탐욕을 멈추다

이상화 시인의 삶과 시를 오늘날 재음미하는 까닭은 무엇인가? 일제 강점기의 암울한 시대를 시인으로 살아간 이상화를 통해서 오늘날 우리는 무엇을 되새겨야 할까? 70여 년 전에 작고한 이상화 시는 여전히 우리의 가슴을 울리고 있다.

대구의 뒷골목 풍경에서 만난 이상화 시인과 이야기를 나눌 수 있는 가장 좋은 방법은 시를 쓰는 것이다. 자신의 삶을 소중하게 생각하는 사람이라면 누구나 시인이 될 수 있다. 시는 형식이나 내용이 중요한 것이 아니다. 그냥 마음이 가는 대로 시를 쓰면 된다. 문학에서 말하는 시의 형식이나 내용에 구속받을 필요도 없다. 더욱이 이상화는 "생활 속에서 건져 올린 살아있는 시를 써야 한다."고 말했다.

인문도시 기행을 통해서 우리도 시인으로 변신해보는 것은 어떨까? 우리 사회는 자본의 탐욕과 무한 경쟁으로 인해 인간의 생존권마저 위협받고 있다. 이런 혼탁한 시대에도 시는 생활 속에서 언제나 새롭게 탄생하기 때문이다. 시는 인문학의 꽃이다. 인문학은 자본의 무한 경쟁을 완화하거나 멈출 수 있는 유일한 대안이다. 인문학은 자본의 탐욕을 거부하고 생명을 소중하게 생각하는 시인의 통찰을 보여주기 때문이다.

대구역전을 거닐며 그대를 만났네
− 한국 소설에 나타난 대구역 풍경

배지연

기차역, 혹은 문학의 메타포(metaphor) : **한국소설과 기차역**

　기차역. 글자만 보아도, 혹은 그 근처만 지나도 어디론가 무작정 떠나고 싶어질 때가 있었다. 젊은 날, 그리운 누군가를 향해 두근거리는 마음을 안고 기차역을 들어서는 순간에 느끼는 그 감정이 하나의 이미지로 떠오를 때이다. 각자의 사연이 다르듯 기차역에 대한 단상 또한 각자의 몫일 것이다. 마찬가지로 기차역을 오가는 많은 사람의 사연도 저마다 각양각색일 것이다. 기차는, 혹은 기차역은 그러한 다양한 삶의 모습들과 사연들을 싣고 오간다. 어쩌면 문학이라는 것이 매우 다양한 인생들의 편린을 담으면서 이 삶과 저 삶을 옮겨 다닌다는 점에서, 기차나 기차역은 문학의 메타포로도 볼 수 있을 것이다.

　우리 근·현대소설에는 기차나 기차역을 통해 여러 사연이 오가는 장면이 다수 발견된다. 근대소설의 효시로 평가받는 이광수의 「무정」에는 조선의 청년들이 새로운 삶을 향해가는 여정에 경부선 기차가 함께 한다. 결혼한 형식과 선형이 근대적 조선을 만드는 데 일조하기 위해 유학을 떠나고, 전근대적 삶의 굴레에 매여 있던 형채가 여성 동지 병욱과 함께 근대적 여성이 되기 위한 길을 떠난다. 그들의 여로에 경부선 기차가 있고, 그들이 하나의 마음으로 조선을 위한 행동을 하는 곳에 기차역이 있다. 또 염상섭의 「만세전」에는 일본 유학 중인 주인공이 경부선을 타고 자신의 고향으로 가는 동안 '묘지'와 같은 당시 조선의 실상을 발견하게 된다. 그리고 현진건의 「고향」에는 경부선 기차를 타고 가는 중 만나게 된 인물을 통해 식민지 조선인의 처참한 삶의 내력이 그려진다. 대구 인근에 살던 주인공은 일제강점기에 자신의 농토를 동양척식회사에 빼앗기고 간도로 이주했지만, 그곳에서도 가난은 여전했다. 어머니마저 여읜 주인공은 여러 지역을 떠돌다가 자신의 고향을 찾게 된다. 그곳에서 예전 혼인이 오가던 여자를 만나게 되는데, 빚에 몰려 유곽으로 팔려간 그녀의 삶은 식민지 여성들의 수탈상을 표상하고 있다.

특히 대구 출신의 현진건이 쓴 「고향」은 대구를 출발한 기차를 타고 대구 인근 지역 출신의 인물들을 다루고 있다는 점에서, 더욱 친근한 느낌이 든다. 이 소설에서 대구는 수탈당한 식민지 조선을 대표하고 있으며, 대구에서 서울로 가는 기차를 통해 식민지 시대를 살아가는 많은 인생사가 그려진다. 이 시기 문학 외에도 김원일의 『마당깊은 집』과 최인훈의 『화두』에는 1950년대 대구의 모습, 그리고 대구를 살아가는 많은 인생의 모습이 재현되고 있다. 특히 이들 소설에는 이 시기 대구역의 모습이 세밀하게 재현되어 있는데, 이를 통해 1950년대 대구의 또 다른 면모를 발견할 수 있다.

조악한 삶의 현실과 그 속에서 건져 올린 아주 작은 위안
: 『마당깊은 집』과 대구역

『마당깊은 집』은 1988년에 발표된 김원일의 자전적 소설이다. 6.25 전쟁통에 아버지를 잃은 주인공은 '애비 없는 집의 가장' 역할을 하는 소년의 성장을 다루고 있다. 무엇보다도 소년 길남이의 눈을 통해 그려지는 전후의 생활상, 특히 대구를 중심으로 재현되는 다양한 삶의 모습들을 이 소설은 보여주고 있다. 열 살 소년에게 가장의 역할을 강요하는 어머니에 의해 길남이는 신문배달을 하게 되는데, '중앙통 일대, 송죽극장 인

김원일 소설 〈마당깊은 집〉

근의 다방, 양키시장, 대구역, 군 통합병원을 차례대로' 거치는 것이 그의 배달지역이다. 그 중에서 대구역은 지친 길남이가 소일하며 시간을 보내는 장소다.

> 교복 차림으로 책가방 든 내 또래 학생들이 집으로 돌아가는 모습을 보면 학교도 다니지 못하고 신문이나 파는 내 신세가 서러워져, 그럴 때면 내가 찾는 소일터가 역전이었다. 역전으로 가면 많은 거지아이들과 실업자를 볼 수 있었다. 겉보기에 멀쑥한 사람들을 졸졸 따라다니며 애처롭게 구걸하는 깡통 든 아이들의 남루한 옷차림이나, 때에 전 군복을 입고 역 광장을 무료히 거닐며 땅에 버려진 담배꽁초를 주워 피우는 초췌한 실업자를 보면, 사람 사는 일이 저렇게 힘들구나 하는 마음이 들기도 했다. 역 광장으로 흩어져 나오는 승객을 좇아 우르르 몰려드는 지게꾼이나 뙤약볕 아래 목판을 벌여놓고 파리떼 쫓으며 과일과 떡을 파는 장사꾼을 볼 적도 마찬가지였다. 어렵게 하루하루를 살아가는 그런 모습이 내게는 적잖이 위안이 되었다.(『마당깊은 집』, 39~40면)

전쟁통에 수많은 사람이 삶의 터전을 잃고 다시 일어서기 위해 몸부림치고 있었다. 이 소설에서 대구역은 그러한 인생들의 모습을 단적으로 보여준다. 휴전 직후에도 학교는 열렸고, 적지 않은 학생들이 학교에서 일상을 보냈지만, 그러한 일상으로 돌아갈 수 없는 길남이와 같은 가난한 사람들도 무척이나 많았다. 소년 길남에게 대구역은 조악한 삶의 현장을 목도하는 장소이자 동시에 그들의 삶에서 위안을 얻는 장소이다.

길남이가 사는 '마당깊은 집'에도 다양한 식구들이 전후의 힘겨운 삶을 지탱하고 있었다. 전쟁통에 아버지를 잃고 어머니의 삯바느질로 생계를 이어가는 길남이네를 비롯해서, 북한에서 월남한 개성댁과 평양댁 가족, 상이군인인 준호네, 월북한 남편의 존재를 숨기며 살아가는 김천댁. 그리고 주인집에서 식모살이 하는 안씨까지 모두가 한국전쟁이 가져온 민족사적 시련을 몸으로 견뎌내고 있다. 하지만, 안채에 살고 있는 주인집은 예외다. 전후에 물자 조달 과정에서 호황을 누리게 된 주인집은 자신의 아들을 미국유학 보내기 위해 미군 고관을 자신의 집에 초대해 파티를 여는 등 당시 민중들과는 전혀 다른 삶을 살고 있다. 크리스마스이브에 마당깊은 집 안채에서 열었던 그 파티를 몰래 훔쳐보던 길남이는 어머니에게 들켜 심하게 혼나게 되고, 그 길로 가출하게 된다.

가게들이 불을 끄고 문을 닫았다. 주정꾼들만 허튼소리를 왜자기며 비틀걸음을 걸었다. 그래서 내가 실망 끝에 찾아가게 된 곳이 그날 밤 두 번째 걸음이 되는 대구역 대합실이었다. 우선 추위를 이겨내기 위해서도 바람막이 벽이 필요했다. 대합실 안은 그런대로 훈기가 있었고, 나처럼 잠잘 곳 없는 사람들이 긴 나무의자에 웅크리고 앉아 밤을 나고 있었다. 아니, 새벽기차를 타러 기다리고 있는지도 몰랐다. 나는 옆사람 체온 덕이나 보려 나무의자의 사람 틈 사이에 비집고 앉았다. 눈물은 나오지 않았으나 마음이었고 앞으로 혼자 살아갈 일이 막막했다. 남으로부터 나를 보호해 줄 방이 우리 삶에 얼마나 절실하게 필요한지를 그때는 뼛속 깊이 실감하지 못했으나, 뒷날 그 경험이 좋은 약이 될 수 있었다.(『마당깊은 집』, 206~207면)

가출한 길남이가 향한 곳은 대구역 대합실이었다. 갈 곳 없는 사람들에게 바람막이 벽이라도 제공하고, 웅크리고 잠을 청할 나무의자라도 있는 기차역 대합실. 옆 사람의 체온을 느끼며, 막막하더라도 살아갈 용기를 조심스럽게 품을 수 있는 곳이다. 1954년 대구의 모습을 재현하고 있는 『마당깊은 집』의 대구역 풍경은 수십 년이 지난 오늘날에도 크게 달라지지 않았다고 해야 맞는 것 같다. 아직도 대구역 주변에는 갈 곳 없는 노숙자들이 바람막이 벽을 의지하며 이곳을 찾는다. 물론 2003년 외지의 대형 유통업체의 민자 역사로 바뀌지만, 현재에도 대구역 주변에는 갈 곳을 찾아 떠도는 노숙자들을 쉽게 찾을 수 있다. 전후 경제가 개발되고 산업화를 거치며 고도의 경제성장을 이루고 있지만, 아직도 갈 곳 없이 방황하는 그들은 존재한다. 그것

근대골목에 앉아있는 길남이

을 개인의 문제로 치부해서는 안 된다. 그들에게 먹을 것과 잘 곳을 제공해서 그들도 우리 사회의 일원으로서 품어야 할 것이다. 『마당 깊은 집』은 1950년대 전후 사회상을 생생하게 재현함으로써 지금-여기를 살아가는 우리에게 경종을 울린다. 어렵던 그때와 별반 달라지지 않은 대구역의 풍경을 바라보면서 우리가 해야 할 것이 무엇인지를 깨닫게 된다.

기억을 전달하던 그곳, 대구역전 헌책방: 『화두』와 대구역

한편, 1994년에 발표된 최인훈의 『화두』에도 1950년대 대구역의 풍경이 등장한다. 『화두』는 작가 최인훈이 자신의 문학 생애를 매우 역동적인 방식으로 그린 자전적 소설로서, 자신을 작가로 이끈 어린 시절의 사건들과 각종 텍스트를 다층적으로 엮으면서 자신의 글쓰기 방식을 설명하는 자기반영적 소설이다. 북한 출신으로서 흥남철수 때 월남한 최인훈은 1950년대 후반 입대하게 된다. 신병훈련이 끝나고 자대로 배치된 곳

최인훈의 소설 〈화두〉

이 대구 육군부관학교였다. 『화두』에는 없지만, 그 유명한 「광장」을 처음 집필한 곳도 대구다. 1960년 여름, 육군부관학교 앞 조그만 방에서 4·19혁명의 변화에 힘입어 「광장」을 썼다고 한다. 그만큼 최인훈에게 대구는 그의 작가 이력에 중요한 지점을 지나고 있다고 하겠다.

『화두』에는 대구에서 보낸 군인 시절이 잘 그려지고 있는데, 화자는 그것을 "'길'을 찾는 '사람'이 된다는 것이 어떤 것인가를 찾고 있는"것으로 표현한다. 『화두』의 화자는 전쟁이 막 끝난 1950년대 한국사회의 실상을 당시 군대생활을 통해 그려내고 있다. 어느 것도 제자리에 자리 잡지 못한 한국 사회의 일면을 보여주는 것이 당시 군대다. 대구에 한정된 주말 외출이지만, 화자는 대구역에서 승차만 하면 서울까지 갈 수 있다는 소문을 듣게 된다. 『화두』에 그려진 바, 무임승차가 횡행하던 그 시기에 헌병들이 검사를 하면 십시일반 돈을 거둬 상납을 하거나, 헌병의 눈을 피해 숨고 쫓기는 무법천지의 모습은 전후 한국사회의 한 단면이리라. 군인으로서 겪었던 대구역에 대한 기억은 그러한 측면을 부각하고 있다.

그러나 그것이 다가 아니다. 『화두』의 화자가 작가로서의 문학적 자양분을 배태하는 장소로서 대구역의 또 다른 모습이 그려지고 있다.

대구역에서 직선으로 뻗은 거리는 이 도시의 중심 거리여서 피난 수도였던 부산처럼 혼잡하지 않은 조용한 구역이었다. 이 거리에 있는 고본점에 외출할 때마다 들러보는 것이 큰 즐거움이었다. 그 책방은 내가 읽고 싶은 책들을 많이 가지고 있었다. 고서점이라는 데는 대개 단골들이 드나드는 곳이라 나도 주인에게 그런 사람이 되었다. 책방에는 여러 가지 책이 꽤 갖춰져 있었다. 다 고본들이지만 읽을 만한 책만 가려서 꽂아놓은 느낌이었다. 고본점을 뒤질 때마다 흔하게 떠올리게 되는 일이지만, 이 책들을 읽은 누군가가 있었다는 사실을 되새겨보게 된다.(『화두2』, 228면)

『화두』의 화자는 대구역 부근의 헌책방에서 헌책이 지닌 중요한 가치를 발견하게 된다. 책이라는 것이 저자와 독자를 매개하는 것이지만, 고본은 "저자-원고-편집자-인쇄자-전 소유자라는 참여자들에 의해서 형성된 특이한 폐쇄회로"이며, 그러한 회로를 내장한 채 독자(현 소유자)에게 전달된다. 대구역 부근 헌책방에서 『화두』의 화자는 그러한 고본을 통해 1920~30년대 식민지의 선배 작가들을 만나게 되고, 그 과정에서 "한 많은 식민지 지식인의 지적인 호기심의 계승자"라는 '심리적 자기동일성'을 획득하게 된다. 일본 책 고본점이기도 한 그 헌책방에서 잘 보존된 일역본 서양 인문과학 서적과 일본 경도제국대학의 철학책을 찾아보던 『화두』의 화자는, 1920~30년대 동경대학 거리의 책방에서 자신과 비슷한 심리적 방황감을 가지고 그 책들을 뽑아 들었을 선배들-이상, 박태원, 이태준, 조명희 등-과 만나게 되는 것이다. 대구역 부근 헌책방에서의 사건이 훗날 최인훈이 무수한 패러디 소설을 쓰게 한 동인으로 작용하게 될 터이다.

> 고본일수록 세월을 거치는 사이에 남을 만한 것만 남게 되는 사정도 있다. 그렇게 해서 비록 약간 헐기는 해도 틀림없이 가지고 싶어 할 책들은 남아서, 노예시장에서 주인을 기다리는 노예들처럼, 마음의 시장에 나오게 된다. 대구 역전의 책방은 그런 책방이었다. (『화두2』, 242면)

『화두』의 화자는 대구역전의 헌책방을 채웠던 고본들을 '마음의 시장'에서 주인을 기다리는 '노예'로 표현하고 있다. 『쿠오바디스』에 나왔던 기억노예처럼, 고본 혹은 책도 활자를 통해 기억을 저장했다가 자신을 읽는 누군가에게 그것을 전달하기 때문이다. 『화두』에서 대구역전의 헌책방은 기억을 전달하는 매체로서 책이라는 것에 대해, 특히 독특한 폐쇄회로를 내장한 고본에 대해 의미 있는 지점을 보여주고 있다. 『화두』에서 화자의 문학적 토양을 형성했던 대구역 부근의 헌책방들은 이제 자취를 감추었다. 대구역 굴다리를 빼곡히 메우던 헌책방들은 다 어디로 갔을까? 도시가 개발되면서 철거되거나 다른 지역으로 이전하는, 어쩌면 자연스러운 현상이라고 하더라도 섭섭한 마음을 지울 수 없다.

가난한 영혼들의 간이역에서 길어 올린 삶의 활기

 이제 대구역은 대구의 중심 역사(驛舍)가 아니다. 1905년 건립된 대구역이지만, 1969년에 업무를 시작한 동대구역에 밀려 지금은 동대구역을 가기 위한 간이역에 불과하다. 간이역 대구역. 그곳에는 삶에 지친 가난한 영혼들이 오간다. 번개가 치듯 잠깐 열렸다 파하는 새벽시장 상인, 구미나 영천 등 대구 근교로 출퇴근하는 직장인들. 대구역에는 삶에 지칠 법한 고단한 그들의 활기가 넘쳐난다. 부지런히 몸을 놀리며 자신에게 주어진 삶을 씩씩하게 살아가는 그들에게서 백 년이 넘어 이어온 대구역의 역사가 느껴진다. 굴곡지지만 질긴, 그래서 멋들어진 그 숨결이…… 지금-여기, 2016년 누군가의 글 속에서, 혹은 이야기 속에서 대구역은 또 어떤 모습으로 그려질까?

동성아트홀과 오오극장: 같고도 다른 세상을 만나다

하수정

불편한 호기심을 위한 영화 보기

1895년 12월 28일, 파리의 <그랑 카페> 지하에 자리한 어두컴컴한 한 살롱에서는 인류 문화사상 가장 획기적인 사건이라고 할 만한 장면이 연출되고 있었다. 천 조각으로 만들어진 화면 위에서 나무가 바람에 흔들리고, 마차들이 꽁무니를 이어 지나가는가 하면 역에 도착하는 기차가 객석을 향해 돌진했던 것이다. 놀란 관객들은 눈과 입을 벌린 채 비명을 질러댔으며 심지어 깜짝 놀라 달아나거나 의자 아래에 숨기도 했다.

20여 분 동안 10편가량이 상영되는 짧은 영상물을 보기 매일매일 극장 앞으로 몰려든 2,000여 명의 관객을 떠올려보자. 그리고 눈앞에 설치된 직사각형의 면을 통해 움직이고 있는 또 다른 세상을 바라보는 일이 그들에게 가져다주었을 전혀 새로운 종류의 놀라움과 충격을 상상해보라! 같은 공간에서 여러 사람과 함께 하나의 이미지와 마주해있는 그 순간에 느꼈을 법한 기묘한 동질감은 또 어떤가.

당시 이 광경을 본 한 신문기자가 "언젠가 모든 사람이 카메라를 소유하게 되어 소중한 이들의 모습을 기록할 수 있다면 죽음이 가진 완결성 또한 사라질 것이다"와 비슷한 말을 했다는 글을 어딘가에서 읽은 기억이 난다. 카메라라는 수단에 의해 순간을 영원히 간직할 수 있게 된 인간은 시네마토그래프를 통해 드디어 똑같이 재현된 일상의 장면들이 움직이는 것을 볼 수 있게 되었다. 움직이는 화면 위의 삶에 왜 인간은 그토록 열광하는 것일까. 당시 또 하나의 위대한 발명품이었던 기차의 창밖 풍경처럼 관객의 시야를 스치듯 지나가는 이미지들이 던져준 충격은 실로 놀라웠다. 관객들은 꼼짝없이 앉아 순식간에 화면 속 현실 속으로 빠져들어 갔으며, 함께 울고 웃고 환호했던 것이다. 19세기 말의 이 특별한 발명품은 20세기를 지나 21세기에 이르기까지 인류의 대표적 취미이자 여가활동이 되었는데, 동아시아 끝 한반도에서도 그 현상은 예외가 아니었다. 아래의 광고(1903년 6월 23일 자 <황성신문>)를 보자.

活動寫眞 廣告
東門 內 電氣會社 機械廠에서 施術하는 活動寫眞은 日曜 及 陰雨

를 除하는 外에는 每日 下午 8時부터 10時까지 設行되는데 大韓 及 歐美各國의 生命都市 各種 劇場의 絕勝한 光景이 具備하외다. 許入料金 銅貨 十錢

(동대문 내 전기회사 기계창고에서 보여주는 활동사진은 일요일과 비 오는 날을 제외하고는 매일 저녁 8시부터 10시까지 상영되는데, 조선과 구미 각국의 생명, 도시, 각종 극장의 멋진 광경을 보실 수 있습니다. 입장료 구리돈 10전)

한복을 차려입은 그들이 영화관에서 본 것은 아마도 지금껏 단 한 번도 보지 못한 '다른 세상'의 풍경이었을 테다. 21세기를 살아가는 나와 영화의 관계 또한 100여 년 전 사람들과 크게 다르지 않다. 나의 영화 보기도 그들과 마찬가지로 전혀 다른 세상에 대한 호기심에서 출발한다. 뉴스나 일상 담론을 통해 충분히 알고 있(다고 생각하)는 세상의 저편에 존재하는 타인들의 삶을 들여다보는 여러 수단 중 하나가 나로서는 영화인 셈이다. 그 때문에 나는 대다수 관객이 쉽게 고개를 끄덕일만한 익숙한 현실이나 해피엔딩을 그리는 영화보다는 지독히 낯설거나 지루하거나 시종일관 마음을 불편하게 만들 법한 영화들을 찾아다닌다. 거장 알프레드 히치콕이 "영화란 지루한 부분이 잘린 인생이다."라고 말했건만, 가끔은 인생의 지루함을 액면 그대로 보여주는 영화를 통해 익숙함이 주는 충격에 빠져보고 싶다. 낯선 것이 충격적이라고 할 때 그 충격은 익숙함을 들여다보는 낯선 시선과 언어에서도 비롯되지 않을까. 그러다 보니 단골 관람 메뉴가 다큐멘터리나 독립영화들인데 이들은 대개 겉보기에 매끄러워 보이는 현상에 망원렌즈를 들이대어 기어코 흠집과 거친 면을 드러낸다. 나는 그 불균등한 표면으로 대변되는, 같아 보이지만 다른 삶을 더 잘 이해하고 싶고, 그럼으로써 내 세계를 확장하고 싶다. 또한, 그 영화들은 내가 살아가는 방식에 끊임없이 질문을 던짐으로써 무성의하고 무감각하게 걸어가고 있는 내 발걸음을 잠시 멈추게도 한다.

'동성로 69번지'에서 경험한 희망과 절망의 공동체

그런 불편함을 애써 겪기 위해 내가 가끔 찾아가는 곳이 ≪동성아트홀≫과 ≪오오극장≫이다. '동성로 69번지', 북적이는 인파들을 한참 비켜난 곳에 예술영화전용 극장이라는 명칭이 뒤따르는 ≪동성아트홀≫이 있다. 1992년에 개봉관으로 처음 문을 열었으나 곧 재개봉관, 성인전용 영화관으로 쇠락을 거듭하다가 2004년 대구경북 시네마테크가 배급을 담당하는 예술영화전용관이 되었다. 영화라는 것의 본성이 예술과 자본의 결합에 있는데 '예술영화'는 또 무언가. 돈이 안 되는 영화, 돈벌이에 대한 욕심을 줄인 영화, 작가 정신과 감각이 살아있는 영화, 즉 상업성과 대중성을 최대한 배제한 영화로서 블록버스터가 될 확률이 매우 낮아 멀티플렉스 상영관이 꺼리는 영화 등. 여하튼 그 후 한 해 운영비의 약 절반에 해당하는 6천만 원 안팎의 지원금을 '영화진흥위원회'로부터 받으면서 멀티플렉스 영화관에서는 만날 수 없는 영화들을 볼 수 있는 유일한 기회를 대구 시민들에게 제공해 왔었다. 나 역시 10년가량 그 혜택을 누려왔던 사람 중의 한 사람이다.

새로 단장한 후 눈에 좀 더(?) 잘 띄는
동성아트홀 입구

삼삼다방과 오오극장을 뜻하는 3355가 한 눈에 들어온다. 마침 최근에 본 영화 〈죽여주는 여자〉와 〈물숨〉의 포스터가 붙어 있다.

2014년 9월쯤 '영진위'로부터 지원이 중단된다는 짤막한 뉴스를 인터넷으로 접하고 안타까웠지만, 솔직히 특별한 관심을 두지 않았었다. 언제부터인가 ≪CGV 8관 대구 아트하우스≫에서도 내가 보고 싶은 영화는 웬만히 볼 수 있었던 데다, 무엇보다 그곳의 좌석이 안락했기 때문이기도 했다. 그러던 중 그해 10월 말 무렵, ≪동성아트홀≫에 다시 갈 기회가 생겼다. 그곳이 MBC에서 해직된 뒤 인터넷 언론인으로 활동하다 세월호 참사를 밀착 취재한 이상호 감독의 다큐멘터리 <다이빙 벨>의 유일한 대구 상영관이었기 때문이다. 허름한 극장 안이 놀랍게도 관객들로 가득 차 있었다. 길을 걷다 우연히 옛 친구를 만난 것보다 더 반가웠다. 공동의 관심사를 지닌 사람들로 이루어진, 아주 특별한 공동체의 일원이 된 느낌이었다. 어디에 사는지, 무슨 일을 하는지도 서로 모르는 사람들이 같은 공간에 모여 앉아서 대한민국의 화려한 언론 보도 이면에 가려진 무시무시한 진실과 마주하고 있었다. 때로는 함께 울고, 때로는 탄식하며 그들은 숨 가쁘게 움직이는 카메라의 시선을 뒤따랐다. 어쩌면 그 시선 끝에 희망이 다소간 자리하고 있었을지 모른다.

2015년 겨울, 나는 영영 사라졌을지도 모르는 영화관을 끝까지 지켜주신 지금의 대표 및 관계자들 덕에 훨씬 넓고 안락해진 의자에 앉아 김진열 감독의 <나쁜 나라>를 볼 수 있었다. 416 세월호 참사 시민기록위원회가 제작한 다큐멘터리로서, '국민 말고는 아무것도 믿을 수 없는'이라는 수식어가 영화 제목 앞에 붙어 있다. 객석에 앉아 우리는 희생자 유족이나 실종자 가족들이 가뜩이나 고단한 심신을 이끌고 '불합리한 죽음의 이유'를 밝히기 위해 춥고 더운 거리로 나와야만 하는 이 현실, 이 현실이 대한민국의 지극히 익숙한 하나의 풍경이 되어버린 참담한 상황을 불편한 마음으로 마주해야 했다. <다이빙 벨>을 보러 갈 때만 해도 미약하게나마 느꼈던 희망은 절망으로 바뀌었다. 영화 속 사람들과 관객들은 그야말로 '절망의 공동체'로 하나가 되었다. 배가 가라앉은 지 1년 6개월이 지난 이 시점에 나는 왜 같은 극장에 앉아 진실의 가닥들을 국가 기관이 아닌 피해자

국민이 만든 영화라는 매체를 통해 확인하고 있는가. 상황이 더욱 나빠지고 있다는 불길함과 더불어 마음 한구석에서는 잊지 않는 것만이 지켜주는 방식이라는 소극적 자기방어 논리가 다급하게 뿜어져 나오고 있었다. 내가 이미 알고 있었던 담론들을 시각화한 그 두 편의 영화를 통해 '세월호'와 숫자 '304', '9'는 내 일상의 구석에 확고히 자리 잡은 같고도 다른 세상의 강력한 이미지가 되었다. 그리고 적어도 그 때 함께 그곳에 있었던 대구 시민들은 내게 위안이 되었다.

올해 봄, 좌석을 가득 메운 단체 관람객과 함께 사회복지영화제 프로그램 중 하나였던 세키구치 유카 감독의 자전적 다큐멘터리, <매일매일 알츠하이머>를 보았다. 배리어프리(Barrier-free) 버전으로 제작이 되어 청각 장애인이나 시각 장애인에게도 영화를 충분히 즐길 기회가 주어진 점이 무엇보다 따뜻하게 느껴졌다. 박완서의 소설집 『너무도 쓸쓸한 당신』에서 엿보았던 노년의 삶보다 더 생생하게 다가온 것은 역시 영상미학의 힘 덕분이리라. 본인은 행복하다고 해서 '다행(多幸)증'이라고도 불리는 치매에 걸린 한 여성의 웃음과 걱정과 일상이 고스란히 담겨 있는 장면들을 보며 서글픔보다 행복을 더 많이 느꼈던 이유는 질병과 기꺼이 손잡고 가는 한 인간의 모습이 보여준 보기 드문 덤덤함과 낙천성 때문이었다. 이런 영화를 보다 보면, 웃으며 길을 걸어 다니는 사람들이 저마다 감추고 있을지도 모르는 삶의 고단한 비밀 같은 것이 떠올라 인간이라는 존재에 대해 한 걸음 더 가까이 다가가게 된다.

삼삼오오 나누는 세상

이들 영화보다 더욱 관객 수가 적은 영화들은 주로 ≪오오극장≫에서 상영된다. 대구 최초의 독립영화전용관이라는 이름을 내걸고 2015년 2월 55개의 좌석으로 대구시 중구 수동에 문을 연 ≪오오극장≫. 1922년 순수 조선인(이재필) 자본에 의해 대구 최초로 건립되어 아직도 그 자리에 있되 몇 번의 재단장 끝에 멀티플렉스 상영관으로 바뀐 ≪만경관≫에서 불과 2~3분 거리에 있다. 오오극장이 개관한 해 초여름, <퀴어 영화제>에 스무살짜리 아들과 함께 가서 거의 한나절 내리 LGBTQ 관련 단편 독립 영화들을 봤었다. 준비하는 스태프들보다 관객 수가 적은 것 같아 매회 안타까운 심정이 들었던 기억과 극장 입구에 자리한 ≪삼삼다방≫의 시원한 맥주 맛이 새삼 떠오른다. 성소수자들이 대부분이었을 그곳에서 적어도 아직까지는(?) 이성애자임이 분명한 나 자신의 소수성과 그로 인한 묘한 공감대가 형성되었던 시공간이었다.

그해 가을, 해방 후 53년까지 국민보도연맹원 학살 사건을 다룬 구자환 감독의 다큐멘터리, <레드 툼>을 거기서 보았다. 대구지역의 유일한 상영관이었다. 중년의 어떤 남자가 앞쪽 자리,

중년 여자인 나는 뒤쪽 자리에 앉아 있는데 관람객은 우리 단 2명. 날것의 슬픔과 분노를 가슴에 품으면서 생판 얼굴도 모르는 낯선 남성과 이름 모를 공감대를 형성했던 시간이었다. 그 사람이 없었더라면 칠흑같이 어두운 공간 속에 흘러넘치던 피와 죽음을 나 혼자 어찌 감당했을까 싶다. 한 개인에게는 기억하기 싫은 과거로 남아 있을 사건을 역사적으로 기억하는 행위가 가져다주는 어이없는 아픔이란…관객 수가 현저히 적은 이유는 오래전 일어난 '전쟁'으로 인한 죽음이 '세월호'나 '질병'이 초래한 죽음보다 훨씬 더 지금·여기와 무관한 일이라고 느끼기 때문이라 어렴풋이 짐작했다.

이렇게 나는 오늘도 멀티플렉스 상영관에서는 무척 만나기가 어려운 영화들을 찾아 ≪동성아트홀≫과 ≪오오극장≫에 간다. 그리고 그곳에서 낯설지만 왠지 친밀감이 드는 사람들을 만날 것이다. 운 좋게 내가 아는 누군가를 우연히 만난다면 ≪삼삼다방≫에서 삼삼한 맥주 한 잔 나누며 같고도 다른, 사람 사는 세상에 대해 이야기 나누고 싶다.

동성로와 교보문고
- 군중 속에서 길 잃은 산책자가 되다

하수정

거리의 호모 컨서무스들

벤야민은 『아케이드 프로젝트』에서 거리를 "영원히 불안정하고 유동적인 군중(crowd)의 거처"로 표현했다. 군중은 거리와 벽들 사이에서 현재를 경험하고 인식하며, 그들에게 에나멜 간판은 부잣집 벽에 걸린 유화만큼이나 멋지게 다가온다. 한편, 그 군중 속을 걸어가되 그들로부터 한 발 떨어져 냉철하고도 호기심 어린 시선으로 눈앞에 벌어지는 광경을 관찰하는 사람이 소위 '산책자'(la flâneur, the stroller)이다. 산책자들은 거리를 풍경 삼아 바라보며 그 속의 사람들과 사람들의 차림새와 그녀들이 나누는 대화를 스치듯 엿듣는다. 미지의 구역을 목적 없이 배회하다 산책자는 결국 차가운 자신의 방으로 돌아와 지칠 대로 지친 몸을 쓰러지듯 뉜다. 19세기 초 우후죽순

생겨난 파리의 아케이드 사이를 거닐며 변화하는 세상의 예리한 관찰자가 되고 싶었던 그 철학자와는 전혀 다른 이유로 나는 두어 달에 한 번 정도 더러 '시내'라 불리는 동성로에 간다. 학창 시절의 친구들과 약속이 있거나 불현듯 향수 어린 허기가 발동하여 '미진 분식'의 쫄면 또는 30년 전통을 자랑하는 '중앙떡볶이'의 반반(쌀떡볶이 반, 납작만두 반) 메뉴를 먹으러 가기도 하지만, 가끔은 특별한 일 없이 거리나 사람을 구경하러 가기도 한다.

무작정 길을 걷다보면 이 많은 사람이 도대체 어디서 무엇하러 왔을까와 같은 생각이 들기 시작하면서 이들이 살아가는 모습에 대해 상상하게 된다. 깔깔대며 흥겨움 넘치는 젊은 모습들을 지나치며, 세상살이가 이토록 엉망진창이 되어버렸음에도 불구하고 늘 화사하고 떠들썩한 청춘에 대한 부러움이 점차 타박과 미안함으로 바뀔 때 즈음이면 이미 내 생각은 30여년 전, 1987년 6월의 어느 시점으로 돌아가 있다. 동아쇼핑 앞 지금의 달구벌 대로를 가득 메운 사람들이 마치 환영처럼 눈앞을 스쳐 지나가는 동시에 '도대체 무엇이 어디서부터 잘못되었나'라는 질문과 후회가 다가드는 것이다. '아프니까 청춘'이라는 말에는 진저리치면서 그렇다고 청춘을 보다 세련되고 건강하게 즐기지도 못한 채 먹고, 마시고, 소비하기 위해 거리로 쏟아지는 청춘 군중들이 얄밉기조차 하지만 그들에게는 물론 아무런 잘못이 없다. 크고 작은 정치·사회적 이슈와 관련된 서명 운동이나 시위를 벌이는 청춘, 학과 수업을 마친 뒤 곧장 취업 학원이나 아르바이트 직장으로 달려가는 청춘, 그리고 이들 소비하는 청춘 사이에는 얼마만큼의 간극이 있는 것일까가 궁금할 따름이다.

사람들과 쇼윈도와 호객꾼이 즐비한 기다란 거리를 돌아다니던 나는 급기야 거리 위에서 시간을 잃어버린 채 과거에서 과거로 여행한다. 산업 자본주의가 절정에 달했던 19세기 파리의 아케이드, 런던의 옥스퍼드 거리와 뉴욕 5번가에 늘어선 상점들을 떠올리는가 하면, 아주 어린 시절 동성로와 중앙로 사이 긴 골목길을 끝에서 끝까지 뛰어다니던 나의 모습과 그 좁다란 길에 미닫이문을 달고서 나지막하게 서 있던 구멍가게 겸 만화가게, 그리고 근처 옛집이 생각나 왔던 길을 되돌아가 두리번거리기도 한다. 동성로 뒤편 구불구불하게 가로지르는 길고 짧은 골목을 불안하게 서성이는 중년의 아줌마를 이상한 듯 바라보며 지나쳤을 누군가도 분명 그 자리에는 있었을 테다. 마치 두고 온 무언가를 찾아다니듯 잃어버린 시간의 흔적을 고고학자처럼 발굴해보려던 나를 '다리가 무척 아파진 내'가 바라보며 허무한 웃음을 짓는다. 그 와중에도 식민지의 자원과 자국의 노동력을 착취하여 생산한 새로운 상품들에 호기심에 가득 찬 시선을 던지는 여러 계층의 19세기 시민들과 욕망으로 넘쳐나는 21세기 세계인, 그리고 풍선껌 앞에서 10원짜리 동전을 만지작거리고 있는 20세기

한반도의 작은 아이가 머릿속에서 교차한다.

이렇듯 번잡한 동성로를 피해 걷다 보면 내 발길은 어느덧 골목길로 향하지만 그 길에 얽힌 추억은 경계를 넘어 진열된 상품들과 그 사이를 피해 다니는 움직이는 형상들 덕에 짜증으로 바뀌고 탈출의 욕구는 점점 더 강력해진다. 느슨한 회상에서 비롯되어 조급한 귀가의 발걸음으로 끝나는 나의 개인적 골목 투어.

1970년대 초 교보문고 근처 골목길, 왼쪽 작은 아이가 필자

소비의 쾌락이 생산의 고달픔을 앞지르기 시작한 자본주의의 단계를 지나 금융 자본주의 시대로 들어서면서 소비하는 행위는 일상의 필수 노동이 되었다. 먹기 위해 어쩔 수 없이 행하는 매일의 소비 노동, 즉 장보기는 차치(且置)하고라도 주말이면 무언가를 사고 먹기 위해 카드 한 장 들고 거리로 나서는 무수한 사람들을 보라. 소비하는 사람들(Homo Consumus)로 가득한 곳이 동성로이니, 친구여 사람의 숨결이 그리울 때는 동성로에 가보시기를, 그러면 욕망으로 가빠진 호흡이 내뿜는 이산화탄소의 안개 속에 금세 숨이 막힐 테니!

욕망 문고(文庫)와 지친 산책자

 지친 다리를 이끌고 안식처를 찾다 보면, 어느새 아주 오래된 옷수선집을 낀 좁디좁은 골목을 지나고 있는데, 그러면 곧장 나타나는 곳이 <교보문고>이다. 마치 쇠라의 그림 속 '그랑자트 섬'처럼 도심에 자리한 섬, 휴일이면 온갖 종류의 사람들로 북적이는 네모난 휴양지 같다. 기억나지 않는 언제부터인가 <교보문고 1층>은 내게 오랜만에 만나는 사람들과의 약속 장소이기도 하다. 딱히 기억 속에 공유하고 있는 공간이 없는 관계일 경우 만나기에 가장 편한 곳이기 때문이다. 갈 때마다 문고(文庫)라는 이름이 왠지 눈에 거슬린다. 암튼 대학 시절엔 지금은 없어진 <제일 서적>, 그곳이 없어진 후엔 상당 기간 <대백 남문 앞>이

약속 장소였다. 특별한 이유는 없었던 것 같다. 휴대폰이 없던 시절, 무작정 기다리기에 덜 심심한 장소라서 그랬지 싶다. 휴대폰이 있는 지금도 습관은 잘 변하지 않는 모양인지 중앙로역이나 동성로 언저리 버스정류장에서 내려 일단 <교보문고 1층>에서 만난 다음, 점심 메뉴를 선택하고 대개는 다시 동성로로 진출한다. 소모적 동선임에도 거기에 대해 누구도 투덜대지 않는다. 습관의 힘! 휴대폰이 없던 때처럼 이리저리 친구 찾으러 다니지 않고 책들을 훑어보다가 '도착' 문자나 전화 받고 서로 만나면 되니 예전보다 덜 소모적인 구석도 있다.

교보문고 지하 1층 '핫 트랙'은 평소에도 붐비는 편이지만 주말이면 지나가는 이와 어깨를 몇 번이나 부딪쳐야 할 정도다. 온갖 디자인과 형형색색의 필기도구와 문구류들, 그 앞에서 열심히 물건을 고르며 서 있는 교복 입은 아이들을 보며 여중 시절 나의 보물 1호였던 짙은 초록색 '로텍스' 만년필을 떠올린다. 당시 드물었던 '스카이블루'색 잉크를 찾아 반월당에서 대구역까지 문방구라는 문방구는 샅샅이 뒤지고 다니던 기억이 난다. 그 잉크를 사지 못하는 날은 왠지 공부하기가 싫었다. 또 하나의 장면. 고등학교 시절 나의 하루 공부는 검은색 도루코 문구용 칼로 대여섯 자루의 연필을 공들여 깎으면서 시작되었다. 기다란 연필심이 닳아 뭉툭해진 순간 알 수 없는 쾌감을 느끼곤 했다. 새로운 필기류를 향한 그 아이들의 왕성한 소유욕과 나의 특정 문구류를 향한 편집증적 집착 사이에 무슨 큰 차이가 있을까 싶다.

그나저나 몇 년 전까지만 해도 한 두 군데 보이던 그 문방구들이 이제는 모두 사라져 버렸다. 모든 가게가 지나치게 커지는 추세를 더는 견디지 못했기 때문일 것이다. 하긴 문방구가 늘어서 있었던 그 길에 자리했던 대여섯 개의 지역 서점도 사라져버렸긴 마찬가지이다. 이런저런 상념에 빠지며 에스컬레이터를 올라가면 사람들로 가득한 교보 문고 1층이다. 그중에서도 가장 북적대는 곳은 역시 'Steady seller' 코너와 'Best seller' 코너. 1층 정문과 마주 보이는 곳에 있다. 너무도 눈에 잘 띄는 곳에 있어 외면할래야 할 수가 없다. 그 코너들에는 대개 자기계발서, 경제, 경영, 요즘 들어 부쩍 판매대의 넓은 자리를 차지하고 있는 인문학 서적들이 자리한다. 도대체 타인의 지극히 개인적 경험과 인식이 담겨 있는 책을 읽은 후에 자기 계발을 할 수 있다고 생각하는 이들이 내 눈엔 신기할 따름이다. 타인의 말에 대한 공감력이 크다는 미덕의 표시라고 잘 봐줘야 하나?

인문학 관련 서적을 들여다보면 대개가 소위 '필독서'(읽어야 할 책들)의 축약본과 그에 대한 해설서이다. 살아가면서 반드시 읽어야 할 책 같은 것이 있을까? 마치 이것도 해야 하고 저것도 해야만 하는 바쁜 일상의 짤막한 필수 코스로 '독서'가 존재하는 것 같다. 독서는 일이고 스마트폰 게임이나 웹서핑은 휴식인

보편적 문화 속에서 교보 문고는 어떤 곳인지 새삼 묻는다. 근처에 제대로 된 서점 하나 없는 대학교가 대다수인데 어째서 경쟁이라도 하듯 대학마다 필독서들을 지정하고 있는 것일까. 컴퓨터라는 것이 뭔지도 몰랐던 시절, 미국 시카고대학의 허친스 총장이 1929년에 만든 고전 목록을 '스몸비'(Smombie, 스마트폰 좀비)들이 장악한 21세기에 새삼 벤치마킹하면서까지 말이다. 태어나면서부터 영어 공부에 몰입하고 초등학교 때부터 『수학의 정석』을 공부하는 아이들에게 인문학은 어쩌면 출세와 성공적인(?) '리더'가 되기 위해 달달 외워야 하는 또 하나의 교과목일지도 모르겠다. 토익 시험을 위한 단기 기숙학원이 생기고 거기서는 서로를 이름이 아니라 번호로 부르는 삶이 어떻게 고전 읽는 삶과 공존할 수 있을 것인가.

이런 생각을 하면서 2층으로 올라가면 역시 에스컬레이터 옆 사람의 발길이 잦은 곳에 토익과 회화책을 비롯한 각종 영어 서적, 시험용 외국어 관련 서적들이 있다. 대한민국 대학생의 절반 이상이 전공이나 진로와 상관없이 공식 영어 시험을 통과 의례처럼 치러야 하다니! 2008년 밴쿠버의 UBC대학 도서관에서 인문학 관련 서적을 쌓아둔 채 독서 삼매경에 빠져 있는 대학생들을 보며 '토익 시험을 치지 않아도 되는' 이들과 대한민국 대학생들 사이에 존재하는 실존적 차이를 실감했던 기억이 난다. 반드시 외국어 하나는 제대로 할 줄 알아야 '직업 시장'(job market)의 상품으로 전시될 자격을 가지게 되는 대한민국 학생들의 처지가 딱하다 못해 비극적이기조차하다. 이런 토양에서 도대체 어떻게 배움의 성장과 교양의 진작을 기대하겠는가. 여름이면 한층 더 북적대는 여행 서적 코너를 지나 나는 마침내 비교적 한가한 3층 맨 안쪽 인문·사회 서적 코너에 다다른다. 그때쯤이면 내 눈과 머리와 다리가 극도로 피로한 지경에 처한다. 빈 의자에 앉아 진지하게 책을 고르거나 읽는 다소 나이 든 사람들을 바라보며 '섬 안의 작은 숲'에 사는 원주민들을 떠올린다. 군중 속에서 길을 잃은 산책자는 그 숲조차 뒤로 한 채 다시 거리로 나선다.

제 3장

대구의 산과 음식을 이야기하다

앞산을 산책하면서 생태인문학을 배우다

김재웅

나무의 이름을 아시나요?

　대구 사람들은 앞산(658m)과 친숙하다. 앞산은 비슬산의 맥을 따라 대구 도심에 우뚝 서 있다. 1832년에 편찬된 『대구읍지』에는 앞산을 '성불산'으로 표기해 놓았다. 대구를 대표하는 앞산은 누구나 한 번쯤 올라가 본 경험이 있을 만큼 가까운 곳에 있다. 이 때문에 앞산은 사계절 내내 등산객의 발길이 끊이지 않는다. 앞산은 간편한 산행을 만끽하기에 제격이다. 시민들은 아무런 등산 계획이나 장비 없이도 손쉽게 앞산을 오를 수 있어서 편리하다.

　앞산을 찾은 등산객은 가족, 친구, 연인 등 다양하지만, 숲이 베풀어주는 풍요로움은 한결같다. 앞산에는 113과 571종의 식물이 자생하고 있는 생태의 보고이다. 앞산에는 참나뭇과의 나무들이 천연림을 이루고 있을 뿐만 아니라 한국 자생종인 잣나무는 5만여 그루가 산기슭에 살고 있다. 그래서 앞산은 대구 사람들의 건강을 위해서 꼭 필요한 생명의 숲이다.

대구 시민들의 정서적 버팀목이 되어준 앞산을 답사하는 것은 늘 설렘으로 가득하다. 앞산은 사계절 언제든지 찾을 수 있지만, 나무의 생태를 관찰하기에는 꽃이 피는 봄과 열매가 있는 가을이 유리한 편이다. 우리는 기온이 제법 쌀쌀한 늦가을임에도 앞산의 소중함을 깨닫기 위해 나무 답사에 나섰다.

앞산의 벚나무 산책길

나무 답사의 출발지점은 여러 곳이 있지만 앞산 공원 주차장이 있는 큰골에서 시작하기로 했다. 큰골은 많은 사람이 앞산을 오르는 코스일 뿐만 아니라 나무의 생태를 관찰하기에 적당하기 때문이다. 나무 답사 코스는 주차장에서 낙동강 승전기념관, 대성사, 안일사를 거쳐 체육시설까지로 잡았다. 우리는 등산보다 그 주변에 있는 나무와 숲의 생태를 관찰하는 것이 더 흥미롭기 때문이다.

주차장에서 만난 '나무세기' 회원들과 함께 곧바로 나무 답사에 들어갔다. 아스팔트로 포장된 도로에는 자동차들이 산행에 나선 사람들과 아슬아슬하게 지나치기도 한다. '나무세기'는 나무로 세상을 바라보는 작은 모임이다. 2002년에 결성된 '나무세기'에서는 매달 한 차례 아름다운 숲과 나무를 찾아서 여행을 떠나고 있다. 이번 앞산의 나무 답사도 그 일환으로 수행된 것이다.

앞산의 나무 답사는 등산로를 따라 산 중턱의 쉼터까지 올라가면서 주변의 나무를 살펴보는 것이다. 나무의 생태를 이해하려면 등산로를 천천히 산책하면서 나무가 살아가는 다양한 모습을 관찰해야 한다. 이렇게 나무의 생태문화를 이해하는 것이 곧 나를 이해하는 인문학적 방법론이기 때문이다.

나무 이름은 한 존재를 인식하는 가장 기초적 방법이다. 생태인문학은 한 그루의 나무 이름을 인식하는 것에서 출발한다. 나무의 이름 속에는 다양한 생태문화 정보가 들어있다. 그래서 앞산에 살고 있는 나무의 이름과 생태 문화적 특징을 이해하기 위해서는 지속적인 관심이 필요하다.

갈참나무 줄기에는 코르크가 없다

늦가을에 단풍을 모두 떨어뜨린 채 겨울잠에 들어간 나무를 구별하는 작업은 쉽지 않았다. 겨울에는 나무의 존재를 정확하게 확인하기 어려운 시기이다. 봄가을에는 꽃과 열매가 있기 때문에 나무의 이름을 이해하는 것이 상대적으로 편리하다. 겨울이 되면 나무의 줄기와 피부를 보고 이름을 확인해야 한다. 나뭇가지에 붙은 나뭇잎과 떨어진 열매가 나무 주변에 있으면 그나마 다행이다.

앞산 등산로에는 어떤 나무들이 살고 있을까? 앞산 주차장에서 대성사까지는 갈참나무와 상수리나무가 많이 자라고 있다. 참나뭇과에 속하는 두 나무는 잎과 열매로 구별할 수 있다. 상수리나무는 잎이 길고 가늘며 열매가 크다. 갈참나무는 잎이 넓고 열매가 작다.

그런데 우리가 말하는 참나무는 이 세상에 존재하지 않는다. 참나뭇과에는 상수리, 굴참, 갈참, 신갈, 떨갈, 졸참 등과 같이 6종의 나무들이 있다. 이 때문에 나무 이름은 속명이 아니라 종명을 불러주어야 한다. 왜냐하면 속명을 불러주면 그 존재의 정체성을 정확하게 인식하지 못하기 때문이다.

참나뭇과의 나무를 식별하는 지식을 가지고 있더라도 현장에 오면 사정은 사뭇 달라진다. 앞산의 나무는 기후와 토양에

갈참나무의 피부

의해서 나뭇잎의 모양새는 얼마든지 다양할 수 있기 때문이다. 우리가 나무의 생태를 답사하는 동안에도 수많은 사람이 등산로를 지나간다. 등산로에 살고 있는 갈참나무 숲을 거닐었던 사람들은 그 나무의 존재를 어떻게 인식했을지 궁금하다.

참나뭇과의 나무들은 번식력이 강하여 우리나라 남부 지역을 점령했다. 앞산 등산로 주변에는 갈참나무가 우점종이다. 갈참나무는 아름드리 굵기와 큰 키를 자랑하듯 우리를 맞이한다. 아름드리 갈참나무 줄기에는 코르크가 발달하지 않은 데 반하여 굴참나무에는 코르크가 발달했다. 그래서 참나뭇과의 갈참나무는 줄기의 모습을 보면 식별할 수 있다. 굴참나무와 갈참나무의 생태적 특징을 정확하게 이해하는 것이 생태 인문학의 첫걸음인지도 모른다.

음나무에는 뭔가 특별한 것이 있다

낙동강 승전기념관을 지나 대성사 가는 길에는 이호우의 시비가 있다. 등산로 건너편 숲속에 자리한 비석에는 1962년 『현대문학』에 발표된 시인의 대표작 <개화>가 새겨져 있다. 시인은 "꽃이 피네, 한잎 두잎/ 한 하늘이 열리고 있네"와 같이 생명 탄생의 신비로움과 긴장감을 함축적으로 표현하고 있다. 해마다 꽃이 피지만 시인의 눈에 포착된 꽃은 좀 더 특별하게 다가온다. 꽃이 피는 것이 새로운 하늘이 열리는 장면과 겹쳐지고 있기 때문이다.

음나무는 가시로 자신을 보호한다

대성사 입구에는 큰 키를 뽐내며 3그루의 음나무가 살고 있다. 줄기에 무수한 가시가 돋아난 음나무는 흔히 벽사(辟邪)의 상징으로 유명하다. 집안에 나쁜 기운이 들어오지 못하도록 음나무 가지를 문 앞에 걸어놓는 풍습도 벽사에서 유래한 것이다. 이러한 벽사의 풍습은 음나무의 날카롭고 촘촘한 가시가 잡귀의 접근을 막아준다는 믿음의 표현이다.

음나무는 어릴 때 줄기와 가지에 온통 가시로 뒤범벅이 된다. 가시는 자신을 보호하려는 생명체의 보호 본능이다. 음나무의 새순은 사람들이나 짐승들의 먹이로 사용되었기 때문에 가시로 보호 장치를 만든 것이다. 그런데 음나무가 아름드리로 성장하면 줄기보다는 나뭇가지에만 가시가 돋아난다. 오랜 세월의 무게를 감당한 음나무는 여린 가지와 새순을 보호하기 위해 선택과 집중의 전략을 구사하고 있다. 음나무의 촘촘한 가시는 자신을 보호하기 위한 생명체 진화의 결과물이다.

김유정의 『동백꽃』에는 동백꽃이 없다

대덕사 계곡에는 생강나무가 계절을 잊어버린 채 꽃봉오리가 한껏 부풀어 있었다. 봄소식을 전해줄 생강나무가 벌써부터 채비를 서두르는 것 같다. 이상 고온 현상 때문에 생강나무는 한겨울로 접어드는 생태적 계절 감각을 망각한 것이다. 지구 온난화의 영향이 앞산 나무들의 생태적 계절 감각마저 혼동하게 만들었다.

봄에 노란색 꽃을 피운 생강나무

생강나무는 잎에서 생강 냄새가 나서 붙여진 이름이다. 이 나무는 김유정의 소설『동백꽃』마지막 장면에 등장한다. 당시에는 노란 동백꽃이 없었다. 그럼에도 우리는 "노란 동백꽃 사이로 쓰러지는 주인공들의 마지막 모습"과 "알싸한 동백꽃의 향기"를 아무런 의심 없이 수용하고 있다.

작가의 고향인 춘천에서는 생강나무를 '동박꽃'으로 불렀다. 이러한 '동박꽃'의 지역어를 이해하지 못한 출판사 직원의 무지로 인하여 동백꽃으로 출판된 것이다. 우리는 김유정의『동백꽃』을 읽으면서 '노란 동백꽃도 있구나'라고 막연하게 인식했다. 김유정의 소설을 제대로 이해하기 위해서는 동백꽃이 아니라 '생강나무꽃'임을 명심해야 한다. 김유정의『동백꽃』에는 '생강나무꽃'이 등장한다는 사실을 나무를 공부한 뒤에 비로소 알게 되었다.

물푸레나무, 하늘과 땅을 연결해주는 우주목

우리는 산 중턱으로 이어진 등산로를 따라 올라갔다. 여기서부터는 제법 산행하는 기분이 들었다. 등산로에 쌓인 단풍이 우리의 답사를 쉽게 허락하지 않았다. 산길마다 참나뭇과의 단풍이 떨어져 미끄러지기 일쑤다. 그래도 우리의 답사는 계속 고도를 높이며 진행되었다. 비탈길에서 허우적거리며 등산에 열중할 때 회색 피부를 드러낸 물푸레나무가 우리를 맞이한다. 처음에는 잎사귀가 없어서 나무의 이름을 확인하기가 쉽지 않았다. 그런데 나뭇가지에 달린 열매를 보고서야 물푸레나무임을 알았다.

세상에! 물푸레나무가 앞산에 살고 있다니! 정말 뜻밖의 수확이다. 대구 시민과 친숙한 앞산에 물푸레나무가 집단으로 살고 있을 줄은 몰랐다. 물푸레나무는 등산객의 왕래로 인하여 흙이 쓸려 내려간 산길과 계곡에 뿌리를 내리고 있었다. 이렇게 척박한 환경에도 아랑곳하지 않고 물푸레나무는 자손을 퍼뜨리며 살고 있는 게 아닌가. 바위가 드러난 계곡이나 등산로에 보금자리를 마련한 물푸레나무가 대견스러웠다. 물푸레나무는 열악한 환경을 어떻게 극복해야 하는가를 온몸으로 보여주었다.

대구에서 물푸레나무를 보기란 쉽지 않다. 우리는 대구 수목원이나 경북대 본관 뒤편, 달성경찰서 주차장, 팔공산 등에서 물푸레나무를 보았을 뿐이다. 그런데 앞산에 20여 그루가 자생한다는 사실은 설렘을 넘어 기쁨으로 다가온다. 나는 산중턱으로 올라가면서 주변의 물푸레나무를 하나씩 확인했다. 앞산 중턱에 마련된 체육시설 주변에 가장 큰 물푸레나무가 살고 있었다. 아마도 등산로 주변의 물푸레나무들은 여기서 씨앗이 날아간 것으로 보인다.

물푸레나무는 자손을 많이 거느리고 있다. 쥐똥나무와 광나무는 바로 물푸레나무의 자손이다. 물푸레나무의 이름은 줄기의 껍질과 잎을 잘라서 물에 넣으면 푸른색을 띤다고 하여 붙

물푸레나무는 천신이 내려오는 우주목이다

여겼다. 그리스 신화에는 포세이돈에게 바쳐진 나무가 바로 물푸레나무이다. 바다의 신인 포세이돈은 항해와 밀접한 관련이 있을 수밖에 없다. 오랜 세월 항해를 하기 위해서는 물푸레나무와 같이 재질이 단단한 나무가 필요했기 때문이다. 따라서 물푸레나무는 배를 만드는 데에 꼭 필요한 나무이다.

물푸레나무는 우주목의 역할을 한다. 고대의 수목숭배 제의가 치러지는 언덕이나 성소에는 반드시 물푸레나무가 있었다. 이 나무는 풍요와 다산을 기원하는 고대인의 풍습과 밀착되어 있다. 고대 유럽의 나무숭배 제의에서 물푸레나무는 신목(神木)으로 섬김을 받았다. 왜냐하면, 아름드리 큰 키와 넓은 그늘을 만들어주어 생명을 키워내었기 때문이다. 고대 유럽에서는 물푸레나무가 성스러운 우주목의 기능을 수행했다. 고대인들은 하늘과 땅을 연결해주는 물푸레나무를 통해서 천신이 내려온다고 생각했던 것이다.

체육시설 주변에는 물푸레나무 외에도 우람한 산사나무가

살고 있다. 이 나무는 내 허리처럼 굵은 것으로 보아, 오랜 세월 이곳에서 성장한 것이 분명하다. 특히 땅 위에서 휘어진 나뭇가지는 신령스러운 기운을 느끼게 한다. 우리는 이렇게 굵은 산사나무를 아직까지 보지 못했다. 아마도 대구에서 가장 큰 산사나무는 앞산 등산로에 있는 것이 아닐까 한다. 산사나무는 음지에서 잎사귀를 떨어뜨리고 열매는 새의 먹이로 내준 채, 앙상한 나뭇가지만 을씨년스럽게 찬바람을 맞고 있었다.

우리는 앞산 등산로에서 잎을 떨어뜨린 굴피나무와 팥배나무, 산딸기, 낙엽송, 느릅나무, 때죽나무, 작살나무, 쇠물푸레나무 등도 확인했다. 그 중에서 보라색 열매를 달고 있는 작살나무는 눈길을 끌었다. 그런데 쇠물푸레나무는 정확한 이름을 확인하느라 고생했다. 동료들과 함께 나무도감을 참조하고 나무의 피부와 남아있는 잎사귀를 비교해보았다. 그래도 정확한 이름을 확인할 수 없어서 내년 봄에 다시 확인하기로 했다. 앞산의 토양과 기후에 적응한 쇠물푸레나무의 모양새는 조금씩 달라진 모양이다.

이렇게 나무가 기후와 토양에 민감하듯이 사람들도 환경에 영향을 받을 수밖에 없다. 나무가 마음껏 뿌리를 내리고 가지를 펼칠 수 있는 환경을 조성하는 일은 사람들의 몫이다. 우리는 늦가을 앞산 주차장에서 등산로를 따라 산중턱까지 나무를 답사하면서 새로운 사실을 발견했다. 우리 곁에 물푸레나무와 산사나무가 우람하게 살고 있다는 사실은 설렘 그 자체이다.

근사(近思)의 공부론, 나무와 대화하다

우리가 나무를 살펴보는 동안 알록달록한 옷을 입고 산행하는 사람들이 자주 눈에 띄었다. 그들은 등산로의 나무에 대해서는 무관심한 채 그냥 산을 오르내리고 있었다. 그들의 무관심이 계속되는 한 앞산의 나무들은 개발 논리에 의해서 점차 사라질 운명에 처할 것이다. 겨울 채비로 분주한 나무에 대한 생태인문학적 사고의 전환이 필요하다. 우리가 앞산의 나무를 답사한 이유는 가까운 숲의 소중함을 깨닫기 위한 생태 인문학적 가치를 실천하기 위해서이다.

앞산에 산행하는 사람은 갖가지 사연을 가지고 오른다. 나도 초등학교 때 앞산에 놀러온 적이 있다. 촌놈이 앞산 공원에 구경 간다는 사실이 얼마나 신났던지 밤에 잠이 오지 않았다. 그때는 공원의 놀이시설에 관심을 두었을 따름이다. 대학생 때는 학기가 시작하기 전에 앞산을 오르며 심신을 수련했던 기억이 생생하다. 지금 나무를 답사하는 등산로도 수 없이 오르내렸지만, 나무의 생태문화에 대해서는 특별한 관심을 두지 않았다. 나무의 생태 인문학적 답사를 통해서 앞산 등산로에도 소중한 나무가 산다는 사실을 새삼 깨달았다. 그 나무들 사이로 산책하면서 나무의 이름과 생태문화를 이해하는 나무 답사는 언제나 깨달음의 연속이었다.

대구 사람들은 마음이 답답하거나 기분이 울적할 때면 앞산에 와서 모든 것을 풀어놓는다. 사람들의 고민을 들은 나무는 싫어하는 기색 없이 그들을 포근히 감싸준다. 나무의 평안함과 의젓함은 어디에서나 한결같다. 이러한 나무를 통한 생태인문학적 접근이 근사(近思)의 방법론이다. 근사는 가까운 것을 생각하는 공부가 진정 자신의 내면을 성찰하는 첫걸음이기 때문이다. 조선시대 학문을 탐구하는 선비들은 숲속에서 산책하는 소요유(逍遙遊)를 즐겼다. 소요유는 자신의 내면을 수양하고 성찰하는 선비들의 공부법이기도 하다.

숲속의 오솔길을 거닐며 소요하다

우리도 나무의 삶을 통해서 생태 인문학의 가치를 재발견할 수만 있다면 얼마나 좋을까? 나무도 생명체이고 나와 대화할 수 있다는 존재라는 깨달음이 필요하다. 그것이 생태학과 인문학의 통합적 사고방식이다. 나무와 숲에 대한 풍부한 이해 없이는 인문학은 불가능하다. 인문학은 생명체 대한 이해가 가장 중요하기 때문이다.

앞산은 대구 사람들에게 추억의 공간이다. 이제 그 추억 속에 생태 인문학 나무 한 그루를 심어보는 것도 좋은 방법이라 생각한다. 세상살이가 힘들고 어려우면 앞산의 등산로를 따라 산행을 하면서 나무와 대화해 보기를 적극적으로 추천한다. 앞산의 나무와 이야기하면서 자신을 성찰하는 생태인문학적 지혜를 배울 수 있기를 소망한다.

팔공산을 거닐다

강미경

기억 속의 이야기

한국건축사를 전공한 신영훈 선생이 2007년 문고판으로 펴낸 『사원건축』이라는 책에 이런 구절이 나온다.

> 절에 가신다는 할머니 손잡고 손녀가 따라나섰다. 오랜만에 산에 가는 길이라 손녀는 신이 났다. 차를 타고도 얼마를 가서야 할머니는 차에서 내렸다. …… 길은 기묘하게 감돌아 돌고 있었다. 후미진 길이 얼마 동안 계속 된다. 공연히 겁이 나기도 한다. 큰 짐승이라도 뛰어 나오면 어쩌나 싶기도 한지 할머니도 연방 좌우를 살피신다. 막 후미진 길을 벗어나려는데 바라다보니 저기 언덕 위로 법당이 솟아 있다.

나는 이 구절을 읽으면 항상 내 어린 시절이 떠오르곤 한다. 양 갈래로 머리를 야무지게 묶고 산속을 두리번거리며 할머니와 함께 절을 찾아가던 어린 내 모습이 책 속의 소녀와 기가 막히게 닮아있기 때문이다. 내가 할머니를 따라 처음으로 찾아간 곳은 지리산 쌍계사(雙磎寺)였다. 할머니가 계시던 하동에서 비포장도로를 따라 덜컹덜컹 완행버스를 타고 가다보면 도착하는 곳이었다. 그때는 법당까지가 참 멀게 느껴졌다. 게다가 사천왕문의 사천왕들은 얼마나 무서웠던가? 나는 두 눈을 꼭 감고 빠른 걸음으로 할머니를 재촉하며 걸었다. 법당에 도착해 엉덩이를 하늘로 뻗치고 부처님께 절을 올리고 나면 할머니는 스님들과 담소를 나누시고 나는 옆에서 내 또래의 동자승과 만화를 보며 놀았다. 그 이후에도 불심 깊은 할머니는 전국의 명산고찰마다 어린 손녀를 대동하고 다니셨다. 혼자 다니는 게 심심해서였을 수도 있지만 귀여운 손녀에게 부처님의 가피를 듬뿍 입게 하려는 마음도 있지 않으셨을까 한다.

팔공산의 벚나무 도로

이렇게 시작된 인연이니 산이나 사찰에 가는 게 싫을 리 없었다. 대학도 사학과로 진학했으니 이곳저곳 전국의 명산이나 사찰들을 많이도 돌아다녔다. 그런데 정작 고향에 있는 팔공산이나 근처 사찰들에 대한 기억은 대학에 들어오고 나서야 생겼다. 그때도 지금도 대입 앞둔 자식을 가진 부모라면 반드시 가본다는 팔공산(八公山)이고 갓바위라 내 부모님도 나를 데리고 여러 번 다녀오시곤 했지만 나는 별다른 기억이 없다. 그러나 대학에 입학하고 친구들과 어울려서 한번, 세미나 마치고 선후배들과 한번, 이렇게 저렇게 어울려서 쉽게 오곤 했던 곳이 팔공산이고 대학 졸업하고 일을 하다 만난 친구들과 놀이 삼아 오던 곳도, 학교로 돌아와 다시 공부할 때 세상 울화를 삭히러 간 곳도 팔공산이었다.

즉 팔공산은 나 같은 대구사람들에게는 나들이의 장소이고 친목의 장소이며 해소의 장소이자 연애의 장소이기도 하다. 이렇듯 친숙한 팔공산은 예로부터 빼어난 경관으로 이름이 높았다. 조선 전기 문신 서거정(徐居正, 1420-1488)은 본관이 대구로 사후에 현재 산격동에 위치한 귀암서원(龜巖書院)에 모셔졌던 대문장가였다. 그는 대구를 묘사한 '대구십영(大丘十詠)'이란 한시에서 15세기 대구 지역의 풍광을 잘 설명하고 있는데 그 중 구영(九詠), 공령적설(公嶺積雪, 팔공산에 쌓인 눈)은 다음과 같다.

팔공산 천길 높고 층층이 험준하네(公山天丈倚崚層)
하늘 가득히 쌓인 눈은 많은 물과 찬 이슬같이 맑기만 하네(積雪漫空沉瀣澄)
신사에 신령이 존재함을 당연히 알겠구나(知有神祠靈應在)
해마다 삼백이 내려 상서로운 풍년을 맞이하겠네(年年三白瑞豊登)
　　-전영권, 『살고 싶은 그곳, 흥미로운 대구여행』 중 발췌

이는 눈이 쌓인 팔공산의 아름다운 풍경은 물론 고향의 풍년을 기원하는 서거정의 마음이 잘 드러나는 대표적인 구절이다. 그리고 조선 후기 실학자였던 이중환(李重煥, 1690-1756)은 그의 저서 『택리지(擇里志)』에서 팔공산의 경관을 "팔공산은 암봉이 옆으로 이어져 있는데, 산과 산의 좌우 하천이 매우 아름답다."고 표현했다. 팔공산은 주봉인 비로봉(1,192m, 2014년부터는 천왕봉)을 중심으로 동쪽에는 미타봉, 서쪽에는 삼성봉이 좌우를 보필하고 있는데 이는 이중환이 설명하는 것처럼 팔공산의 균형 잡힌 산세를 잘 설명해 준다.

또한, 팔공산은 군사상의 요지이기도 했다. 임진왜란이 일어났을 때는 사명대사(泗溟大師, 1544-1610)가 승병을 이끌고 이곳을 근거로 활동했고 역시 의병이었던 권응수(權應銖, 1546-1608) 장군도 팔공산을 중심으로 활동했다. 한국전쟁 때는 낙동강 방어선을 돌파하려던 북한군의 공세를 유엔군과 국군이 막아 낸 다부동 전투(多富洞戰鬪)가 바로 이 팔공산 자락에서 펼쳐졌다. '동

양의 베르됭 전투(1차 대전 중 프랑스와 독일 사이에 벌어졌던 유명한 전투)'라 불릴 정도로 치열했던 이 전투의 결과 유엔군과 국군은 반격의 실마리를 잡을 수 있었다.

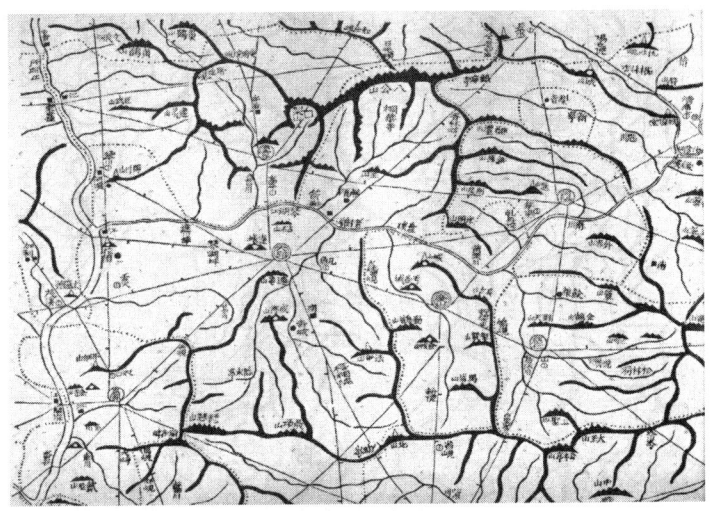
대동여지도 속의 대구와 팔공산

현재 팔공산은 대구광역시 동구와 경상북도 영천시, 군위군, 칠곡군, 경산시에 걸쳐 있는데 『삼국사기(三國史記)』의 기록에 따르면, 신라시대에는 부악(父岳)·중악(中岳)·공산(公山)·동수산(桐藪山) 등 여러 이름으로 불렸다. 이 중 중악이라는 것은 신라 오악(五岳), 즉 동악(토함산), 서악(계룡산), 남악(지리산), 북악(태백산)의 중심에 위치한다 하여 붙은 이름으로 이미 신라시대부터 명산으로 이름이 높았던 셈이다. 이 산은 고려시대에도 공산으로 불렸고 조선시대에 와서야 지금의 팔공산이라는 이름을 얻게 되었다.

1530년에 편찬된 『신증동국여지승람(新增東國輿地勝覽)』에 등장하는 팔공산이란 명칭의 유래에 대해서는 여러 가지 설이 존재한다. 팔공산이 여덟 고을에 걸쳐 있어 그런 이름을 얻게 되었다는 설도 있고 팔간자(八簡子, 미륵보살의 손가락뼈로 만들어졌다는 일종의 점치는 도구, 일명 불골간자(佛骨簡子))를 봉안해서라는 설도 있고 중국의 지명에서 유래했다는 설도 있다. 그러나 아마도 가장 유명한 것은 고려 태조 왕건에 얽힌 것이 아닐까 한다. 927년 공산동수전투(公山桐藪戰鬪, 일명 공산전투)라 불리는 유명한 전투가 왕건과 후백제의 견훤 사이에 벌어졌다. 현재 팔공산 동수(桐藪, 현 지묘동)에서 벌어진 이 전투에서 견훤이 왕건의 군대를 기습 공격해 대승을 거두었고 이곳에서 신숭겸(申崇謙, ?-927) 등 8명의 장수가 전사해 지명이 공산에서 팔공산으로 바뀌었다는 설이다. 하지만 실제 공산전투에서 순절한 장수가 신숭겸과 김락(金樂, ?-927년) 두 명뿐이라는 주장도 있으니 이 많은 이야기 중 어느 것이 확실한지는 알 수 없다.

그러나 이름의 유래가 다양한 것이 무슨 문제가 되겠는가? 『월간 해인(月刊 海印)』 92호에 따르면, 은해사 및 동화사가 자리한 팔공산은 경주 남산, 통도사 영축산, 해인사 가야산, 칠불암 지리산과 함께 오랜 옛날부터 불교의 성지로 꼽혔던 산이다. 특히 팔공산은 우리나라 약사여래 신앙의 총본산이기도 하다. 약사여래를 숭상함으로써 병을 치료하고 수명을 연장하는 것은 물론 현세와 내세의 복락을 누릴 수 있다는 약사 신앙은 신라 시기 선덕여왕의 병을 약사여래가 치유하면서 융성하기 시작했다고 한다. 통일 신라시기에는 분황사를 중심으로, 그 이후에는 팔공산을 중심으로 발달했다. 즉 중요한 것은 팔공산이 오래 전부터 힘들고 아픈 세월을 견디는 백성들에게 든든한 의지처(處)를 제공했다는 것이다.

오동나무 꽃이 핀 사찰

팔공산이 품고 있는 수십 개의 사찰 중 가장 큰 절은 동화사(桐華寺)이다. '오동나무 꽃이 핀 사찰'이라는 운치 있는 이름의 동화사는 대한불교 조계종 제9교구 본사로 예로부터 이름 높은 곳이었다. 1931년 편찬된 『동화사사적비(桐華寺蹟碑)』(1931년)에 따르면, 이 팔공산 남쪽 기슭에 신라 소지왕 15년(493년) 극달화상(極達和尙)이 유가사(瑜伽寺)라는 이름으로 처음 사찰을 지은 것을 흥덕왕(興德王) 7년(832년) 심지조사(心地祖師)가 중창하면서 지금의 이름이 되었다고 한다. 심지조사는 신라 헌덕왕(憲德王, ?-826)의 아들로 그가 이 절을 중창할 당시 겨울인데도 절 주위에 오동나무 꽃이 만발하자 이를 상서로운 징조로 여겨 절 이름을 동화사로 바꾸었다고 한다.

영남치영아문 편액

　동화사는 오랜 명성에 걸맞게 우리나라 역사와 함께 풍상을 겪기도 했다. 앞서 언급한 것처럼 임진왜란 때 의병활동의 중심지가 팔공산이었고 사명대사는 1595년부터 전국 승병들의 우두머리로 팔공산 일대에서 활약했다. 대사는 동화사를 중심으로 '영남승군사령부(嶺南僧軍司令部)'를 설치하여 의병활동을 전개했는데, 당시 그의 인장(印章)인 '영남도총섭인(嶺南都總攝印)'과 승군을 지휘할 때 불었던 소라나팔, 비사리 구시(나무로 만든 밥통) 등이 현재 동화사 성보박물관에 남아있다. 그리고 동화사 봉서루(鳳棲樓)에 있는 '영남치영아문(嶺南緇營牙門)'이라는 편액도 동화사가 조선시대 영남 승병의 지휘소였음을 증명해 주는데 이 역시 동화사 성보박물관에 전시되어 있다. 또한, 일제강점기에는 3.1 만세 운동과 관계된 독립운동의 근거지이기도 했다.

피서의 명소

　동화사에서 서쪽으로 3km쯤 떨어진 곳에 있는 파계사(把溪寺)

역시 팔공산이 품은 유명 사찰 중 하나이다. 파계사 주변의 계곡은 대구 사람들이 더운 여름을 피하는 명소 중 하나로 기온이 30도가 넘어가는 더운 날이면 텐트와 가재도구를 챙겨 파계사 근처로 아예 거처를 옮기는 사람들도 있다. '파계(把溪)'라는 것은 '물줄기를 잡는다'란 의미로, 본래 절 주위에 아홉 갈래나 되는 물이 흘렀는데, 땅의 기운이 흩어지는 것을 방지하기 위하여 절 아래 연못을 파고 물줄기를 한데 모았다는 데서 절의 이름이 유래했다고 한다. 파계사가 서늘한 여름 명소로 자리 잡은 것은 아홉 갈래의 물줄기가 흘렀던 이 지역의 지형과도 관련이 있지 않을까 한다.

파계사 일주문

조선조에 정리된 『팔공산파계사사적기(八公山把溪寺事蹟記)』에 따르면, 이 절 역시 심지조사에 의해 애장왕(哀莊王, 800~809) 5년에 창건되었다. 임진왜란으로 절이 불타자 1605년(선조 38년) 계관대사(戒寬大師)가 중창했고, 1695년(숙종 21년) 현응선사(玄應禪師)가 세 번째로 고쳐 지었다고 한다. 숙종 때부터 파계사는 왕실의 원당사찰(왕족의 명복이나 현세를 축원하기 위해 건립된 사찰)이 되었는데 이는 현응선사가 숙종의 부탁으로 왕자 생산을 위한 백일기도를 올려 효험을 얻었다는 이야기에서 기원한다. 이 백일기도로 태어난 이가 바로 훗날의 영조(英祖, 1694-1776)인 연잉군(延礽君)이었다. 숙종은 현응선사의 공을 높이 사, 특별히 파계사 둘레 40리 안팎의 토지에서 거두는 세금 모두를 파계사가 가지도록 명을 내렸다. 하지만 현응선사는 이를 거절하고 대신 선왕의 위패를 모시게 해달라는 청을 올려 파계사는 왕실의 원당사찰이 되었다. 연잉군 역시 11세 때 탄생에 대한 감사의 표시로 자응전(慈應殿)이라는 현판을 써서 보냈는데 현재 이것은 파계사 성전암(聖殿庵) 법당에 걸려있다고 한다. 1979년 6월 파계사 법당의 관음보살상을 개금할 때 불상 안에서 영조의 어의(御衣)가 발견된 것은 이 이야기의 신빙성을 더해주는 것이라 하겠다. 게다가 성전암은 예전에 성철스님이 수도한 곳으로 유명한데 스님은 암자 근처의 토굴에서 사람의 접근을 막고 10년간 은거했었다. 역시 좋은 전통은 어디 가질 않나 보다.

파계사 앞 영조대왕 나무

현재와 어울리다

이런 역사의 장소인 동화사와 파계사가 요즈음 일반인들과의 접촉을 위해 템플스테이 등의 다양한 프로그램들을 운영하고 있다. 필자는 동화사에서 직장인을 대상으로 하는 일요 사찰음식 강좌에 한번 참가해볼까 생각하고 있다. 팔공산 속 오랜 사찰에서 맛있는 음식을 만들어 먹는다는 생각에 벌써 흐뭇한 미소가 번지려고 한다. 팔공산은 옛날부터 지금까지 이래저래 사람들과 인연이 많은 산인 듯하다.

무더운 여름과 매서운 겨울 그리고 화끈한 대구음식

강미경

기후와 인간

인간의 본능 중 가장 원초적이고 강렬한 것이 식욕이고, 또한 인간이 누릴 수 있는 가장 큰 즐거움이 맛있는 음식이라는 말도 있듯이 인간의 삶을 영위하는 문화 중에 가장 중요한 것이 음식문화라 할 수 있다. 이런 음식문화는 대개 그 지역의 다양한 자연 지리적 특성을 반영하는데 당연히 대구의 음식문화 역시도 이런 특성을 반영하고 있다.

기후로 전 지구를 구분할 때 전체 육지 면적의 약 30%를 차지하는 것이 건조기후(dry climate) 지역이다. 그중에서도 사막기후 지역은 연평균 강수량이 250mm를 넘지 않아 습도가 매우 낮고 연평균 기온이 18℃ 이상인 더운 지역으로 식물은 물론 사람이나 기타 동물들도 살기가 어렵다. 북아프리카에 위치한

사하라 사막의 경우 연평균 기온이 27℃나 되고 주간에 기온이 영상 50℃까지 올랐다가 야간에는 영하 20℃까지 떨어지는 엄청난 일교차를 자랑한다. 우리는 흔히 이런 험난한 기후 조건을 견디고 생활하는 사람들의 기질을 매우 강인하고 결단력 있다고 생각한다.

대구는 사막 지역처럼 극단적이지는 않지만 가장 더웠을 때 기온이 영상 40℃(1942년 8월 1일)까지 치솟고 가장 추울 때는 영하 20.2℃(1923년 1월 19일)까지 내려갔던 우리나라에서는 한증막 같은 더위와 앙칼진 추위로 유명한 곳이다. 이런 기후는 대구의 동·남·북 쪽 세 방향을 비슬산과 대덕산 그리고 팔공산이 둘러싸고 있는 분지형 지형이라서 여름에 더운 공기를 가둬놓기 때문이기도 하고, 겨울에는 차가운 북서풍이 거침없이 불어와 이 분지 지역을 차갑게 식혀놓기 때문이기도 하다. 요즘도 대구 더위는 유명해서 근자에는 '대프리카(Daefrica)'라는 신조어까지 등장했다. 유난스럽게 더운 대구의 여름 날씨를 열대의 아프리카에 빗대어 설명하려는 것이다. 그리고 이런 무더운 여름과 매서운 겨울을 견뎌낸 대구사람들 역시도 사막 지역 사람들처럼 강인하고 호불호가 분명한 기질을 가지고 있다고 여겨진다.

그러나 기후가 사람의 기질에만 영향을 끼치는 것은 아니다. 한 학자는 자연 조건, 사회적 조건, 경제적 조건, 외부와의 교류

등 여러 가지 요인으로 "어떤 지역에서 먹는 것과 관련하여 공통으로 나타날 수 있는 행동 양식"을 그 지역의 음식문화라고 정의했다. 그 요인 중 특히 대구의 기후는 대구지역의 음식문화에 큰 영향을 미쳤다. 대부분 더운 지역에 사는 사람들이 음식의 부패를 방지하고 땀으로 소실된 염분을 보충하기 위해 양념이 세고 짠 음식을 즐기는 음식문화를 가지고 있듯 우리나라의 극서지(極暑地)인 대구의 음식 역시도 고추나 마늘 등이 듬뿍 들어가는 양념이 세거나 짠 음식이 많다.

대구 음식의 특징

대구에서는 2006년 대시민 설문조사를 통해 '대구지역에서 처음 조리되었거나 조리법이 다른 지역과 차별화된 음식' 10가지를 대구 10미(味)로 선정한 적이 있다. 그때 선정된 음식들은 대구(大邱)육개장(일명 따로 국밥), 동인동 찜갈비, 막창, 무침회, 야끼우동, 누른국수, 납작만두, 논메기매운탕. 복어불고기, 뭉티기(생고기)이다. 이 음식들이 역사가 오래된 전통적인 음식들은 아니지만 '대구지역에서 처음 조리되었거나 조리법이 다른 지역과 차별화된' 그리고 현재 대구시민들이 가장 즐기는, 대구를 대표할만한 음식이라고 생각되는 것들이다. 그런데 잘 살펴보면 10가지 음식 중 여섯 가지가 고춧가루와 마늘이 듬뿍 들어간 화끈하고 짭조름한 음식들인 것을 발견할 수 있다. 이는 위에서 얘기한 것처럼 더운 지역에 사는 사람들이 부패 방지와 염분 보충을 위해 양념이 세고 짠 음식들을 즐겨 먹는다는 것과 일맥상통하는 것으로 대구지역 음식의 특징을 얘기할 때 빠지지 않고 등장하는 화끈하게 맵고 짠 음식이라는 이야기의 증거라고도 할 수 있다.

대구 따로국밥-국일식당

육개장과 찜갈비

그중 대구육개장, 일명 대구탕(大邱湯)은 이를 대변하는 화끈한 음식이다. 그러나 대구육개장의 원조가 무와 파를 이용해 담백하게 끓여낸 소고깃국이라는 설도 있다. 그럼 진실은 무엇인가? 1926년 11월 1일 창간된 월간 취미 잡지 『별건곤(別乾坤)』의 1929년 12월 1일 자 칼럼 '대구(大邱)의 자랑 大邱의 대구탕반(大邱湯飯), 진품(珍品)·명품(名品)·천하명식팔도명식물예찬(天下名食八道名食物禮讚)'을 살펴보면 다음과 같은 구절이 나온다.

셔말지기 가마에다 고기를 만히 넛코 곰곳틋 푹신 고아서 울어난 물노 국을 끄리는데 고초가루와 소기름을 흠벅 만히 넛는다. 국물을 먼져먹은 굵다란 파가 둥실둥실 뜨고 기름이 뚝뚝 뜻는 고음국에다 고은 고기를 손으로 알맛게 찌져너흔 국수도 아니요 국밥도 아닌 혓바닥이 될만치 뜨겁고 김이 무럭무럭 떠올으는 싯뻘건 장국을 대하고 안즈면 위션 침이 꿀걱 넘어가고 아모리 嚴冬雪寒에 언(凍) 얼굴이라도 저절노 풀니고 왼몸이 녹아서 근질근질해진다. 엇잿든 大邱육개장은 죠션사람의 특수한 구미를 맛초는 고초가루와 개장을 뽄뜬데 그 본래의 특색이 잇다. 갓딱 잘못 먹엇다간 입설이 부풀어서 애인하고 키쓰도 못히고 에매한 눈물까지 흘니리라.
- 『별건곤』 제24호 中, 국사편찬위원회 한국사 데이터베이스 한국근현대잡지자료 참조

1920년대 한글이라 지금과는 다소 생소한 부분이 있기는 하지만 이 칼럼에 따르면 대구육개장은 고기를 푹 고아 우려낸 국물에 개장처럼 찢은 익힌 고기와 고춧가루, 소기름 등을 듬뿍 넣은 것으로 '까딱 잘못 먹으면 입술이 부풀어 애인하고 키스도 못하고 애매한 눈물만 흘려야 하는' 화끈 얼큰한 매운 맛이었다. 이 육개장의 매운맛은 뜨거운 여

『별건곤』 1933년 9월호 표지

름에는 땀의 배출을 도와주고 혹한의 겨울에는 차가워진 속을 달래주는 역할을 했을 것이다. 이런 대구육개장의 명성은 최남선이 매일신보에 1937년 1월 30일부터 9월 22일까지 연재했던 글들을 모아 펴낸 『조선상식문답(朝鮮常識問答)』(1946)에도 등장하고 있다. 조선의 역사, 사회, 문화 등의 상식을 알기 쉽게 문답식으로 풀이한 이 책에서 최남선 역시도 대구의 명물로 이 육개장을 소개했던 것이다.

이 육개장을 1946년부터 구 한일극장(현 한일 시네마) 옆 공터 나무시장 근처에서 팔기 시작한 것이 국일식당이다. 국일식당을 처음 시작한 이는 서동술·김이순씨 부부로 광복 후 일본에서 돌아왔으나 먹고 살길이 막막해 나무를 팔아 생계를 유지했다고 한다. 김이순씨는 점심이면 시장에서 직접 남편의 식사를 준비하곤 했는데 겨울이면 특히 뜨끈한 국밥을 끓여 남편의 점심을 해결했다. 그러다 국밥 냄새를 맡고 몰려드는 시장 상인들에게 국밥을 나누어 주었고 결국은 팔기 시작했다고 한다. 이후 한국전쟁이 발발하자 국일식당은 사골과 사태를 밤새 고아 우려낸 육수에 대파와 무는 물론 고춧가루와 다진 마늘까지 듬뿍 넣은 얼큰한 육개장을 만들어 전국 각지에서 모여든 피난민들에게 팔았다.

현재 국일식당의 모습

이 육개장이 따로국밥이라는 이름으로 불리게 된 것은 전국에서 모인 손님 중에 국에 밥을 마는 것을 싫어했던 사람들이 밥과 국을 '따로' 달라고 주문하면서부터였다고 한다. 이때 '따로'를 외친 손님들은 절대 국에 밥을 말아 먹지 않았던 양반들(물론 당시 법제적으로 양반이라는 신분이 존재하지는 않았지만)과 대구로 피난 온 극단의 젊은 여배우들이었다. 당시 국립극장으로 변한 한일극장 주변에는 우리가 그 이름만 어렴풋이 알고 있는 허장강, 구봉서, 배삼룡 등의 배우들이 진을 치고 있었고 그들은 겨울이면 극단의 다른 일행과 국일식당에서 매일의 끼니를 해결했다. 그러나 이들과 함께 온 여배우들은 국밥의 투박한 모습에 밥과 국을 따로 달라는 까다로운 주문을 하곤 했다. 그리고 양반들 역시도 말아 나온 국밥에 혀를 끌끌 차며 '따로'

를 주문했고 결국 이들의 활약(?)으로 육개장은 따로국밥이라는 또 하나의 이름을 가지게 되었다.

육개장과 더불어 동인동 찜갈비 역시 혀가 얼얼할 정도로 매운 대구지역의 대표 음식이다. 동인동 찜갈비는 간장으로 맛을 내는 전통적인 갈비찜과는 다르게 간장을 가미해 푹 익힌 소갈비에 매운 고춧가루와 다진 마늘, 생강 등의 매콤한 양념이 비벼져 나오는 것이다. 이 찜갈비는 1968년경의 무더운 어느 여름날 우연하게 만들어졌다. 처음 찜갈비를 만든 박만수 씨는 동인동 주택가에서 사업을 하던 사람으로 평소 얼큰한 음식을 무척 좋아했다고 한다. 그는 푹푹 찌는 여름이면 갈비를 사와 직접 도끼로 분해한 다음 가마솥에 푹 익혀 처음에는 소금에 찍어 먹고 느끼해지면 마늘과 고추를 듬뿍 넣어 비벼 먹었다. 주변 친구들이 그 맛에 반해 돈이 될 것 같다고 부추기는 바람에 아내와 함께 식당을 차렸다고 한다. 그런데 이것이 대히트를 치는 바람에 평범한 주택가였던 이 일대는 전국적으로 유명해졌다.

이 찜갈비의 또 다른 매력은 갈비가 담기는 찌그러진 양은 양재기에 있다. 양은 양재기는 철로 만든 용기에 비해 열전도율이 좋아 빨리 뜨거워지지만 쉽게 식지 않는다고 한다. 이래저래 사용하다 자연스럽게 찌그러지고 흠집투성이가 된 양재기에 담긴 매운 갈비찜은 생각만으로도 입맛을 돌게 만든다. 다른 곳에서 식당을 하는 어떤 이가 이 찌그러진 양재기를 돈으로 사려

했다는 이야기가 떠돌 만큼 이 양재기에는 푸근하고 친근한 매력이 있다.

그 외에도 1960년대부터 내당동 반고개 골목에 자리 잡은 새콤, 달콤, 매콤한 무침회나 뼈를 발라낸 복어살을 콩나물과 함께 매콤한 양념으로 볶아 먹는 복어불고기, 매운 고추 가루와 마늘 양념을 기본으로 갖은 야채와 새우, 오징어, 돼지고기를 넣어 센 불에 빠르게 볶아내는 야끼우동 그리고 살아있는 메기를 다시마와 무로 우려낸 육수에 마늘, 고춧가루를 써서 얼큰하게 끓여낸 논메기 매운탕도 대구의 화끈한 음식들이다. 물론 모든 대구 음식이 이렇게 맵거나 간이 센 것은 아니지만 이러한 화끈함은 대구 음식의 가장 큰 특징이라 할 수 있다.

대구사람들

안동의 간고등어가 바다와 멀리 떨어진 안동의 자연적 위치 때문에 발달한 음식이듯 이런 대구의 화끈한 음식들 역시 대구의 자연환경이 만들어 낸 대구 음식이라 할 수 있다. 또한, 이런 자연과 음식 속에서 탄생한 대구 사람들의 기질 역시도 자연환경이나 음식과 별반 다르지 않다. 그리고 대구 사람들이 각박한 오늘을 씩씩하게 살아갈 수 있게 하는 힘도 바로 대구 음식의 화끈함에서 나오는 것이 아닐까 한다.

대구탕(大邱湯)과 대구탕(大口湯)에 얽힌 노가리

남철호

두 개의 대구탕

명태로 태어나 살아남는 것은 쉬운 일이 아니다. 어미 명태 한 마리가 낳는 알은 무려 25만에서 100만 개 정도이다. 그 중에서 새끼 명태로 자라나 살아남는 놈은 극히 일부이다. 그래서 흔히 말 같지 않은 말을 명태 알 풀듯 늘어놓는 것을 '노가리 푼다'고 한다. 여러분들은 대구탕하면 무엇이 먼저 떠오르시나요? 대구탕(大邱湯), 아니면 대구탕(大口湯)? 여기에서는 두 개의 대구탕에 얽힌 노가리를 풀어보고자 한다.

대구탕(大邱湯) 이야기

먼저, 대구탕(大邱湯)에 대한 이바구다. 백과사전(대구 육개장 조)에 따르면 다음과 같이 설명하고 있다. 대구탕은 두 가지가 있다. 대구탕(大口湯)은 생선 대구를 넣고 끓인 국이다. 대구탕(大邱湯)은 대구식으로 끓인 장국, 대구식 육개장, 혹은 대구탕(代狗湯)이라고도 한다. 즉 생선의 일종인 대구를 넣고 끓인 탕을 의미하는 대구탕(大口湯)은 대구광역시와는 아무런 상관이 없다는 뜻이다.

얼큰한 육개장

그러나 대구탕(大邱湯)은 대구광역시와 밀접한 관계가 있다. 육개장은 개장국 곧 보신탕을 대신해서 만들어진 것이다. 개고기를 먹지 못하거나, 양반 체면에 개고기를 먹을 수 없는 사람들을 위해 개고기 대신 소고기로 만든 장국을 육개장이라고 한다. 즉, 고기(소고기)로 만든 개장국이라는 뜻이다. 대구에서는 육개장을 개(狗)고기를 대신해서 만든 탕이라는 의미에서 대구탕(代狗

湯)이라고 했다. 대구식 육개장인 대구탕(大邱湯)은 다른 지역 육개장과는 다르게 고기를 찢어서 넣지 않고 통으로 넣으며, 파와 마늘을 많이 넣어 맵게 한다. 그래서 다른 지방과 다른 대구식 육개장이라는 의미에서 대구탕(大邱湯)이라 하였다.

대구탕(大邱湯), 혹은 대구 육개장은 앞에서 잠시 언급한 것처럼 서울식 육개장과 달리 양지머리나 사태 등 국거리 고깃덩어리를 그대로 푹 무르게 삶아 고기의 결이 풀릴 정도로 익힌다. 여기에다 파, 마늘 등을 많이 넣고 고춧가루로 매운맛을 낸 것으로 더운 여름 삼복 때 먹는 별미이다. 대구의 이러한 육개장의 약간 변형된 형태가 상경해서 서울의 식탁에 오르면서 대구탕(大邱湯)이라 불렸다. 다시 말하면, 육개장은 육개장인데 더 얼큰하고 진한 대구 전통 음식을 대구탕(大邱湯)이라 불렀다. 그러나 엄밀히 말해 대구엔 대구탕(大邱湯)이 없다. 그 자리를 대구탕(大口湯)이 점령하고 원래의 대구 육개장은 '대구식 따로 백반'으로 불리며 서울로 상경하였다(인터넷자료, 김영복의 음식 이야기 food story 545). 최남선도 ≪조선상식문답(朝鮮常識問答)≫에서 향토명물(鄕土名物) 요리품으로 대구의 육개장을 들고 있다.

한식의 출발점은 국이며, 국의 맏형 격은 쇠고깃국이다. 사람들은 쇠고기 국을 '육개장'이라고 불렀다. 육개장은 '개장(일명 보신탕, 북한과 중국 연변 동포들은 단고기라 부름)'에서 왔다. 엄밀히 말하면 국의 출발점은 개장인 셈이다. 한국인들의 육식 문화는

13세기 말부터 보편화되었다지만, 일반인에게 고기는 언감생심의 식재료였다. 다들 풀죽을 먹고 연명했다. 1960년대까지 대다수 서민의 삶이 그랬다. 쇠고기는 1970년 경운기가 전국 농촌에 대량 보급되면서 대중적으로 보급되기 시작한다. 일소가 식용으로 도축되기 시작하면서, 쇠고깃국은 일반인에게 '불가능의 국'에서 '가능의 국'으로 바뀌었다.

대구탕(大邱湯) 〈농촌진흥청〉

그러면 개장은 어떻게 육개장이 되었을까? 매년 오뉴월이면 우리 선조들은 보양 차원에서 동네의 개를 많이 도축했다. 이렇게 되자, 개와 개고기가 품귀 현상을 보이게 되면서 다른 고기가 필요했다. 이때 병든 소를 잡아 국을 끓이면 그게 육(쇠고기)개장이 된다. 개고기를 대신한 '대구탕(代拘湯)'이 등장하였다. 육개장은 '쇠고기를 주재료로 해서 끓인 개장'이란 뜻이다. 닭을 갖고 끓이면 '닭개장', 양고기가 주가 되면 '양개장'이 되듯이.

이 대구탕(代拘湯)이 대구탕(大邱湯)이 된 것이다.

고춧가루가 들어간 얼큰한 육개장의 역사는 언제부터 시작되었을까? 그것은 그렇게 오래되지 않았다. 육개장이 본격화된 것은 일제강점기 때부터이다. 그 이전에는 고기가 귀해서 먹고 싶어도 먹을 수 없었다. 일제강점기 때 육개장 전문 업소가 전국 각처에서 생겨났다. 가장 맵고 얼큰한 스타일의 육개장은 단연 대구가 으뜸이었다. 일제강점기 때부터 대구 육개장은 일명 '대구탕(大邱湯)'으로 불렸다. 어떤 이들은 '대구 육개장'의 준말로 '대구탕(大邱湯)'을 사용했다. 더러는 '대구탕반(大邱湯飯)'이라고도 했다. 하지만, 엄밀히 말하면 대구탕반은 국에 밥을 만, 일종의 해장국 같은 것이어서 육개장과는 좀 차이가 있다. 생선으로 끓인 대구탕(大口湯)과 이름이 같아 헷갈리기도 했다.

대구가 육개장의 도시란 사실을 입증하는 자료가 있다. 1926년 5월 14일자 동아일보 기사에는 이런 대목이 있다. 서울 공평동에도 대구탕반이란 음식을 판매하는 식당이 있다. 또 다른 자료에는 이러한 내용이 나온다. "대구탕반은 본명이 육개장이다…이 개장은 기호성과 개고기를 먹지 못하는 사람들의 사정까지 살피고 또는 요사이 점점 개가 귀해지는 기미를 엿보아서 생겨난 것이 곧 육개장이니 간단하게 말하자면 쇠고기로 개장처럼 만든 것인데 지금은 큰 발전을 하여 본토인 대구에서 서울까지 진출을 하였다.(1929년 12월 1일자 종합잡지 '별건곤' 중 '달성인'

이란 익명의 필자가 적은 '대구의 자랑, 대구탕반' 중에서)" 대구의 삼복더위가 개고기를 먹지 않는 사람을 위하여 이열치열의 보신탕을 변형한 육개장을 개발한 것이라 할 수 있다.

대구 육개장은 한국전쟁 때 '따로국밥'으로 불리게 된다. 따로국밥은 한국의 '양반국'과 '상놈국'이 충돌하는 과정에서 생겨났다. 현재 대구 따로국밥의 원조는 대구시 중구 공평동의 모 식당이다. 원래 이 식당은 국에 밥을 말아 국밥처럼 육개장을 팔았다. 그런데 한말 양반가에선 절대 국에 밥을 말아서 먹지 않았다. 국밥 형태의 육개장은 가축들이나 먹는 음식으로 폄훼당하였다. 이러한 식습관을 가진 양반이 대구로 피란 왔으며, 이 사람들을 위하여 식당 주인은 국과 밥을 따로 내는데 그 과정에 '따로국밥'이 유명해지게 된다. 거의 반세기 이상 대구에선 대구 육개장이란 말보다 '따로국밥'이란 명칭이 보편적으로 사용되었다.

물론 따로국밥은 대구 육개장의 파생물이다. 하지만 따로국밥과 대구 육개장은 레시피가 다르다. 선지가 들어가면 '대구식 따로국밥', 선지가 들어가지 않고 사골 육수 대신 양지머리 혹은 쇠고기와 대파, 무만 갖고 끓여 육수를 만들면 '대구 육개장' 혹은 '경상도식 육개장', 그리고 우거지가 주축이 되면 '해장국 스타일의 육개장'으로 분류하면 된다. 또한 같은 육개장도 사골 육수를 기본으로 하는 쪽과 그렇지 않고 일반 반가의 쇠고깃국처럼 양지머리 육수를 갖고 국을 끓이는 두 방식이 있다. 각각의 유명한 상호들이 있으나 여기에서는 생략한다.

대구탕(大口湯) 이야기

이제는 또 다른 대구탕(大口湯)에 대한 노가리를 풀 차례이다. 대구는 덩치로 보나 그윽한 맛으로 보나 무엇보다 명태가 '대구목 대구과'에 속한다는 분류체계로 보더라도 명태의 형님뻘이 될 만한 물고기다. 명태가 생선으로서 버릴 것이 없다고들 하지만 사실 대구가 그러하다. 명란보다 대구 알을 더 쳐주며, 삭힌 대구 아가미는 명태와 달리 홍어 맛까지도 낸다. 말린 대구 꼬리 등은 그 맛이 일품이다. 영남의 대구(大口)는 12월에서 이듬해 2월까지 주로 거제도 외포항에서 잡힌 대구가 지역으로 들어왔다. 그러나 그 많던 대구가 사라졌다. 이러한 현상은 전 세계적인 현상이다. 물론 우리나라에서는 사라진 대구가 몇 해 전부터 돌아오기 시작했다. 1981년부터 인공 수정란을 방류했는데, 대구 떼가 연어처럼 오호츠크, 베링 해를 돌아 태어난 고향 바다로 돌아오고 있기 때문이다.

앞에서 언급했듯이 생선 대구와 우리 지역 지명 대구와는 전혀 관계가 없다. 대구(大口)는 비교적 큰 생선이므로 말려서 많이 먹었다. 대구탕은 시원하고 담백한 맛으로 버릴 것 없는 물고기로 아주 사랑받던 생선이다. 외국인들도 아주 좋아하는 물고기이다. 대구탕은 얼큰하고 시원한 맛이 대구지역처럼 매운 것을 선호하는 지역이라 더 유행하였다.

시원한 대구탕(大口湯) 〈O'live 오늘 뭐먹지?〉

대구(大口)와 세계사, 그리고 인간의 삶

생선 대구는 우리가 먹는 시원하고 얼큰한 해장국으로도 유명하지만, 세계의 역사를 바꾼 물고기이며 우리의 미래를 암시하고 있는 물고기이다. 생선 대구도 명태 못지않게, 아니 더 많은 양의 알을 낳는다. 그래서 때아닌 노가리 논쟁도 일어나고 있는 듯하다. 대구는 알에서 약 4cm 정도가 되어야 살아남을 수 있다. 죽지 않고 살아남으면 길이가 수 미터에 이르는 것도 있다.

물고기들은 주로 떼를 지어 산다. 그러한 떼를 지어 사는 물고기 중에서 캐나다와 미국 북동부에 걸쳐 있는 대서양에 살고 있는 대구 떼가 가장 큰 물고기 떼 중의 하나이다. 대구는 서양에서 가장 많이 먹는 물고기일 뿐만 아니라 귀중한 교역품의 하나이기도 하다. 금이나 석유만큼, 대구도 북아메리카와 유럽의 역사에서 중심적인 역할을 한 가치 있는 상품이었다. 물론 대구탕(大口湯)은 우리 대구 지역에 살고 있는 여러분들의 든든한 아침 해장국이요, 점심과 저녁에는 훌륭한 한 끼의 식사이면서 술안주이기도 하다.

생선 대구는 인류의 역사에 커다란 역할을 하였다. 북유럽에 살던 바이킹 족이 최초로 북아메리카에 건너갈 수 있게 한 것도 바로 마른 대구포 때문이었다. 바이킹들은 말린 대구포를 먹으면서 그 험난한 항해를 할 수 있었다. 유럽 사람들은 돈이 되는 대구를 찾아 대서양을 건너기 시작했다. 1620년 메이플라워호를 타고 매사추세츠에 정착한 순례자들, 필그림 파더스도 그곳에 대구가 있었기 때문에 정착하였다. 미국의 노예들을 먹여 살리고 노예 거래를 활발하게 해준 것도 냉동식품 대구가 있었기 때문에 가능했다. 뉴잉글랜드 산업혁명의 중간 고리 역할을 한 것도 대구라는 생선이었다.

그러나 그러한 대구가 지금 사라지고 있다. 대구는 알에서부터 성채가 될 때까지 바다의 많은 먹이사슬의 먹이 역할을 하고 있다. 대구가 사라진다는 것은 그러한 먹이사슬이 깨어진다는 것이고 그 먹이사슬의 파괴는 바닷속의 심각한 문제를 초래하게 된다. 다만 그것이 바닷속의 문제만이 아닌 지구에 살고 있는 70억 인간에게 직접 영향을 미치게 된다는 사실이다.

가만히 대구(大口)의 일생과 우리 인간의 삶을 비교해 생각해 보면 우리가 어떻게 살아야 할까를 한 번 곱씹게 된다. 병원균은 숙주가 죽으면 살 수가 없다. 인간의 무대는 자연이고 지구이다. 지구가 파괴된다면 그 속에 살고 있는 우리 인간은 숙주를 잃어버리는 꼴이다. 지금 전 세계에 걸쳐서 대구 어획량이 급속도로 줄어들고 있다. 이는 산업혁명과 기계화의 발달로 철로 된 거대한 배가 만들어지고 냉동기술이 발달하면서 필요 이상의 대구를 남획한 결과이다. 이는 인간과 대구 사이의 관계에만 국한된 것이 아니다. 우리 인간은 이 지구상에서 지구를 파괴하면서 생존해온 유일한 존재이다. 이제 우리는 토론이나 담론의 과정을 넘어 철저한 실천의 단계로 들어가야 할 시점이다.

대구시민 여러분, 시원한 대구탕을 드시면서 한 번 생각해 보시라. 대구(大口)의 미래가 곧 우리 대구(大邱)의 미래일 수 있다는 사실을.

제4장

대구의 희망을 이야기하다

국채보상운동 기념공원과 나

남철호

국채보상운동의 성지, 대구

대구광역시 중구 국채보상로 670번지. 이곳에는 2011년 10월 개관한 국채보상운동 기념관이 있는데 그 한쪽 벽면에 건립비를 출연한 사람들의 명단을 적어 놓은 '기부의 벽'이 조성되어 있다. 내 이름은 여기에 없다. 지금 이 글을 쓰는 순간에도 마음의 빚을 떨쳐버릴 수가 없다. 국채보상운동이 일어난 지 꼭 90년 후인 1997년 IMF 금융위기 이후 전 국민들의 금 모으기 운동은 또 다른 국채보상운동이었다. 2015년 말 현재 우리의 가계 부채는 1천 89조 원, 작년 말 기준 국가 채무는 590조 5천억 원으로 국내 총생산(GDP) 대비 37.9%에 이르렀다. 국채보상운동의 정신을 다시 이어받아야 할 시점이 아닐까 한다.

국채보상운동 기념공원과 기념관

대구에는 세계적으로 유례를 찾아보기 힘든 시민들의 자발적 기부운동이었던 국채보상운동의 정신을 기리기 위하여 기념공원과 기념관이 잘 조성되어 있다. 약 39,600m²에 달하는 국채보상운동 기념공원은 1,000여 그루의 수목과 잔디로 이루어진 시민들의 휴식처로도 더할 나위가 없는 곳이다. 공원 곳곳에 서상돈과 김광제 선생의 흉상과 국채보상운동 여성기념비 등의 조형물들이 있다. 무게 22t이 넘는 달구벌 대종은 매년 제야의 종 타종식으로 유명하다. 또한, 국채보상운동과 관련된 여러 자료와 영상물을 통하여 교육과 관광의 장으로서 국채보상운동 기념관도 함께 자리하고 있다.

국채보상운동기념공원 표지석

국채보상운동의 내용과 의의

 잘 아시다시피 국채보상운동은 1907년에서 1908년까지 대구에서 시작된 경제 주권회복운동의 하나로 범국민적 국권회복운동으로 승화된 것이다. 1905년 을사늑약 이후 대한제국이 일본에 진 빚은 1,300만 원이었다. 이는 대한제국 1년 예산과 맞먹는 규모로서 일본은 대한제국을 경제적으로 파산시켜 완전히 일본에 예속시키려고 하였다. 일본은 1894년 청일전쟁 당시부터 1906년까지 네 차례에 걸쳐 강제로 1,150만 원의 차관을 도입하였다. 1904년의 고문정치(顧問政治) 이래 일제는 한국의 경제를 파탄에 빠뜨려 일본에 예속시키기 위한 방법으로 한국정부로 하여금 일본으로부터 차관을 도입하게 하였고, 통감부는 이 차관을 한국민의 저항을 억압하기 위한 경찰기구의 확장 등 일제 침략을 위한 투자와 일본인 거류민을 위한 시설에 충당하였다. 그 결과 1910년에 이르기까지 한국의 대일 부채는 4,500만 원에 달하였다.

 1907년 2월 16일 대구광문사(대동광문회로 개칭) 부사장 서상돈은 정부가 일본에 진 빚을 갚아 국권을 회복하자는 뜻으로 '전 국민이 3개월 동안 금연(담배는 당시 일본인 상인들 폭리의 대표적 상품)하고 그렇게 모은 돈으로 일본으로부터 진 빚을 갚아 국가의 위기를 구하자'는 취지의 '국채보상운동'을 대구광문사 사장 김광제 등과 함께 최초로 제창하였다. 김광제와 서상돈은

1907년 2월 21일자 「대한매일신보」에 "국채 1300만 원은 바로 우리 대한제국의 존망에 직결되는 것으로 갚지 못하면 나라가 망할 것인데…2천만 인민들이 3개월 동안 흡연을 폐지하고 그 대금으로 국고를 갚아 국가의 위기를 구하자"고 발기취지를 밝혔다. 이 취지문을 발표한 뒤 대동광문회는 '단연회'를 설립하여 직접 모금에 나섰다. 발기인은 서상돈을 비롯하여 김광제·박해령 등 16명이었다. 대동광문회의 국채보상운동발기가 「대한매일신보」, 「제국신문」, 「만세보」, 「황성신문」 등에 보도되면서 이후 국채보상운동은 요원의 불길처럼 전국적으로 번져 나갔다.

이 운동이 가장 활발하게 전개된 것은 1907년 4월부터 12월까지였다. 특히 6월에서 8월 사이에 가장 많은 의연금이 모아졌다. 4월 8일 「대한매일신보사」에 국채보상지원금총합소를 설치하고 한규설·양기탁 등을 임원으로 선출하였다. 4월 말까지 보상금을 의연한 사람은 4만여 명이고 5월까지 모아진 보상금액은 대략 16만 원 정도였다. 1907년 1월 29일부터 1908년 8월 30일까지 약 19개월 동안 국채보상 의연금은 보상운동기간 중 발표된 자료로 추정할 때 약 16만 원에서 19만 원 정도였을 것으로 추산되어진다. 비록 당초 목표였던 1,300만 원에는 크게 미치지 못하는 금액이지만, 국채보상 의연금은 이천만 동포의 피와 눈물이었다.

국채 1300만 원 보상운동 취지문

    국채보상운동은 일제의 탄압과 운동주체역량의 취약성으로 인하여 1908년에 들어서면서 점차 쇠퇴하기 시작하였다. 국채보상운동이 전국적으로 확산되자 일제는 이 운동을 적극 탄압 금지하였으며, 송병준 등이 지휘하던 매국단체인 일진회의 공격과 통감부에서 국채보상기성회의 간사인 양기탁을 보상금 횡령이라는 누명을 씌워 구속하면서 더는 진전 없이 좌절되었다. 국

제4장 대구의 희망을 이야기하다 | 141

채보상운동을 처음부터 적극적으로 꾸준히 추진해간 중심체는 양기탁과 베델(E. T. Bethell, 裵說)이 이끄는 「대한매일신보사」였다. 일제는 1907년 이후 베델을 국외로 추방하는 공작을 폈다. 1908년 5월 3주의 금고와 벌금형을 선고하였다. 같은 해 7월 일제 통감부는 '대한매일신보가 보관한 국채보상금을 베델, 양기탁 두 사람이 마음대로 3만 원을 소비하였다'고 주장하면서 양기탁을 구속해버렸다. 물론 양기탁은 공판 결과 증거불충분으로 무죄를 선고받았으나 이러한 통감부의 공삭으로 운동의 주체는 분열되고 끝내는 종지부를 찍고 말았다.

그런데 중요한 것은 국채보상운동은 상인은 물론 노동자, 농민, 부녀자, 군인, 학생, 승려, 어린이, 기생, 인력거꾼, 백정, 걸인과 고관 혹은 양반, 부유층, 유림, 그리고 일본 유학생 800명, 블라디보스토크 교포 36명과 멀리 미국 샌프란시스코, LA 등의 교포들, 국내의 외국인들(서양인과 일본인 교사 등)에 이르기까지 거의 모든 계층이 참여한 범국민적 운동이었다는 사실이다. 국채보상운동에는 남녀노소, 빈부고하를 막론하고 많은 사람이 참여하여 어른들은 자발적으로 담배를 끊고, 부녀자들은 은비녀와 가락지 등 패물을 내놓았다. 심지어 머리털을 잘라 팔아서 의연금을 내는 여학생도 있었다.

노동자, 인력거꾼뿐만 아니라 철없는 아이들도 세뱃돈이나 심부름 값 등을 모아 참여했다. 특히 대구에서는 불구 걸인조차도 구걸한 돈을 의연하고, 양근 분원의 초동들도 땔나무와 짚신을 팔아 모은 3원을 기성회로 보내왔고, 그 동네 백정(김상용)도 돈을 보냈다. 국채보상운동에 대한 소식을 들은 고종 황제도 1907년 2월 26일 칙어와 함께 단연보상운동 참여를 선언하였으며, 냉소적 태도를 취했던 고관들이 각성하여 금연뿐만 아니라 비단옷, 가마 타고 다니던 사치를 버리고 심지어 밥조차도 죽으로 대신할 정도였다.

김광제와 서상돈 등을 중심으로 한 남성 중심의 국채보상운동은 이제 여성 운동으로까지 영역을 넓혀 나갔다. 대구 남일동 패물폐지부인회는 국채보상운동은 물론 여성과 남성을 동등한 권리와 의무를 지닌 주체로 인정한 근대 여성 운동을 전개하였다. 이는 근대 여성 운동의 효시로 인정받고 있다. 패물폐지부인회 활동을 계기로 전국에서 유사한 운동이 펼쳐졌다.

국채보상운동은 자발적이면서 아래에서 위로 전개된 전형적인 시민운동의 하나였다. 이 운동은 전국적인 통일된 지휘체계 하에서 진행된 것은 아니었으나 처음부터 순수한 애국심에서 각지에서 자발적으로 일어난 것이었다. 비록 이 운동은 좌절로 끝나긴 하였으나 국권회복을 위한 투쟁의 하나로서 그 역사적 의의는 매우 크다고 하겠다. 훗날 3·1운동과 물산장려운동 등 항일 독립운동의 바탕이 되었다.

국채보상운동과 우리의 각오

1997년 외환위기와 이 때문에 IMF 관리체제를 맞은 이후 우리 국민들은 위기를 극복하기 위해 제2의 국채보상운동이라 할 수 있는 금 모으기 운동으로 다시 한 번 단합된 힘을 보였다. 금 모으기 운동은 우리나라 전체 가구의 약 23%인 349만 명이 참여했고, 225톤(21억 7천만 달러 상당)에 이르는 금을 수집했다. 우리 선조들이 펼쳤던 국채보상운동의 정신이 면면히 이어져 내려오고 있는 셈이다. 오늘날 우리는 우리 선조들의 자랑스러운 유산인 국채보상운동 정신을 현대적으로 계승하여 계속 발전시켜 나가야 할 사적 소임을 지니고 있다. 대구시는 현재 국채보상운동 기록물을 유네스코 세계기록유산으로 등재하기 위해 노력하고 있다.

며칠 전(7월 29일) 영화 '부산행'을 보았는데 거기에는 수많은 좀비가 등장한다. 좀비의 특징은 정신과 몸이 따로 논다는 점이다. 우리 역시 돈의 주인이 아니라 돈의 노예가 된다면 좀비와 다를 것이 무엇이겠는가? 반성해 볼 일이다. 돈이 신의 자리를 대신할 때, 건전한 자본주의, 건강한 대구 시민은 이미 물 건너간 것이다. 대구시민 여러분, 대구의 국채보상운동은 대한민국 민주화 운동의 상징인 2·28 민주운동과 더불어 우리가 자랑스럽고 영광스럽게 여겨야 할 유산이다. 여러분, 국채보상공원에서 이 무더운 여름날, 시원한 바람을 쐬면서 한 번 생각해 보시

라. 대구에서 다시 국채보상운동의 혼이 살아나 전국으로 퍼져 나가는 모습을.

'김광석 다시 그리기 길'에서 가객을 추억하다

이재현

'김광석'과 '나'

1996년 1월 6일 토요일 아침. 새해가 된 지 아직 일주일이 지나지 않은 그 날, 한국 대중음악계에 비보가 전해진다. 새벽 첫 TV 뉴스를 통해 전해진 짧은 아나운서의 멘트. "동물원 출신의 인기가수 김광석 씨가 자택에서 목을 매고 자살…" 너무나 갑작스러운 그의 죽음 앞에서 그의 동료 음악가뿐만 아니라 그를 사랑했던 수많은 팬은 한 마디로 공황상태에 빠졌으며, 나도 예외가 아니었다. 진실한 노래를 통해 우리의 삶과 사람, 그리고 사랑과 희망을 이야기하던 그가 겨우 32살의 나이에 유언 하나 없이 자신의 삶을 등졌다는 소식에서 나는 충격을 넘어 배신감마저 느껴질 정도였다. 그때 느꼈던 배신감은 세월에 무디어져 그 정도가 당시 보다는 약해졌지만 이 글을 쓰는 지금까지도 사실 내 가슴 속에 남아 있다.

'김광석 다시 그리기 길'에 있는 벽화의 일부

대구 대봉동 방천시장 근처 번개전업사에서 태어나 32년이란 그리 길지 않은 인생을 살다간 김광석, 그리고 2016년, 그가 사망한 지 20년이 되는 지금, 왜 우리는 아직도 '가객'이란 애칭으로 그리 길지 않은 음악인의 삶을 살다간 김광석에 관해 말하고, 그의 모습과 노래를 그리워할까? 164cm에 58kg의 왜소한 체격, 얼굴 가득한 주름진 웃음, TV 출연을 최대한 삼가고 소극장 콘서트 무대를 고집하며, 화려한 무대연출 없이 통기타 하나에 하모니카 하나로 무대 위에서 단출하게, 하지만 나지막이 읊조리다가도 거세게 포효하는 그의 열정적인 목소리, 그리고 한음 한음 참으로 정성스럽게 노래하던 그의 모습이 지금까지 우리에게 망각이 아닌 추억으로 남는 이유는 그의 목소리와 노랫말이

가진 힘이 예나 지금이나 팍팍한 우리의 삶 속에서 진정성 있는 울림으로, 그리고 다정한 공감과 위로로 받아들여지고 있기 때문일 것이다.

김광석의 노래가 나에게 소중하게 여겨진 것은 그가 생전 활동하던 시기가 아니라 그가 이 세상의 삶과 인연을 끊은 후 몇 년이 지나서였다. 대학 시절 나는 김광석의 몇몇 대표곡을 알고는 있었지만, 고등학생 시절부터 좋아했던 이주호와 유익종 듀엣의 '해바라기'만큼은 아니었다. 하지만 1993년 발표한 리메이크 앨범 '다시 부르기 1집'은 김광석에게 엄청난 대중적 성공을 가져다주었고, 나에게도 그의 목소리와 노래의 힘을 새롭게 보게 되는 계기가 되었다. 기타를 튕기며 그의 노래를 과방에서 부르고, 막걸리에 소주에 술이 떡이 되어 인문대 잔디밭에서 학과 동료들과 뒤엉켜 목 놓아 그의 노래를 부르며 위로가 되었던 기억이 아직도 생생하다. 그러나 삶의 희망과 사랑을 노래하던 그가 스스로 우리 곁을 영영 떠났다는 소식에서 상심한 나는 한동안 그의 노래를 듣지 않았다.

1997년 나는 독일로 유학을 떠났고, 그곳 생활은 힘들었다. 고향을 향한 그리움을 달래는 좋은 처방은 평소 즐겨듣고 부르던 한국 가요였는데, 김광석의 노래는 애써 외면했다 – 그러나 술 한 잔 걸치고 흥얼거리던 노래는 사실 대부분 김광석 노래였다. 그러던 중 한 한국 유학생 동료가 나에게 1997년 김광석의 죽음을 추모하는 사업 중 하나로 학전에서 출판한 '김광석 노래집'을 나에게 선물했고, 이 노래집으로 인해 나는 다시 김광석과 새롭게 만날 수 있었다. 유학을 떠나기 전 어떤 서점에서 이 노래집이 출간된 것을 본 적이 있었고, 가지고 싶었지만 그의 갑작스러운 죽음에 대한 서운함에 외면했다. 그런데 그것을 막상 지인으로부터 선물을 받았을 때 무척 기뻤다. 특히 그가 발표한 노래들의 가사를 읽으면서 그가 얼마나 노랫말을 소중히 여겼는지 이해할 수 있었다. 그의 죽음은 그의 노래를 사랑한 이에겐 무척이나 서운한 일이지만, 그의 노래를 통해 전달되는 삶의 감상은 내가 외면하거나 잊으려 한다고 쉽게 사라지지 않는 것이었다. 왜냐하면, 이미 내 마음 깊은 곳에 그의 음성과 그의 이야기가 각인되었기 때문이다. 그리고 노래집에 수록된 그의 노래와 관련된 주변 이야기는 그의 음악에 좀 더 가까이 다가가는 좋은 길라잡이가 되었다. 어느새 김광석의 노래는 고된 유학 생활의 소중한 위안이 되었다.

'김광석 다시 그리기 길'에 가다

12년의 유학생활을 마치고 귀국한 후 2년여 정도의 시간이 지났을 때 나는 우연히 대구 방천시장에 '김광석 다시 그리기 길'이 조성되어 있다는 반가운 사실을 알게 되었다. 김광석은 1964년 1월 22일, 대구 대봉동 방천시장, 그러니깐 지금 '김광석 다시 그리기 길'이 조성된 곳 근처에 현재로써는 정확한 위치를 알 수 없는 번개전업사에서 3남 2녀 중 막내아들로 태어났다. 대구는 김광석에게 고향인 것이다. 하지만 그는 1968년 가족과 함께 서울 중구 장충단 공원 근처로 이사를 하였고, 초등학교 3학년 때 서울 창신동으로 이사하여 창신초등학교에 다녔다. 그러던 중 그가 초등학교 4학년이던 1972년 겨울, 할머니의 병수발을 위해 부모님과 김광석, 그리고 바로 위의 누나만 대구 범어동으로 다시 내려온 후 대구 동덕초등학교에 전학하여 5학년까지 다녔다. 그러다 초등학교 6학년 때 김광석은 가족과 함께 다시 서울로 올라간 후 계속 그곳에서 생활하고 활동하게 된다. 이런 이유로 대구 방촌시장은 김광석이 태어난 동네이고, '김광석 다시 그리기 길'이 조성되기에는 최적의 장소이다.

'김광석 다시 그리기 길' 입구에 있는 동상

이 길은 대구 중구청이 대구에서 개최되는 2011년 세계육상경기대회를 앞두고 마라톤 코스의 일부인 방천시장 일원의 열악한 환경을 개선하고자 '별의별 별시장 프로젝트'를 2009년 2월부터 그해 6월까지 추진하였는데, 그 성과로서 이 사업이 문화체육관광부의 '문정성시 사업(2009년 10월~2011년 12월)'에 선정되면서 조성되기 시작했다. 이 사업의 목적은 시장 내에 비거나 방치된 상가를 예술가들에게 일정 기간 임차하여 입주시키고 작가들이 이곳에서 창작활동 및 전시를 할 수 있도록 지원을 해주는 것이었다. 작가들이 생산한 창작물의 전시를 보기 위해 시장을 찾은 사람들은 볼거리와 예술체험을 즐기고, 자연스럽게 시장의 먹거리를 찾거나 쇼핑을 하도록 유도함으로써 시장 상권을 되살리는 효과를 기대한 것이다. 이 사업을 통해 지역의 예술가들이 방천시장으로 유입되었고, 시장의 상인들과 합심하여 방천시장을 전통시장 문화와 예술문화가 서로 결합하여 상생할 수 있는 새로운 공간으로 만들기 위한 4단계 프로젝트가 진행되었다. 바로 이 프로젝트의 2단계 사업(2010년 6월~2011년 3월)으로 추진된 것이 '김광석 다시 그리기 길' 만들기였다.

이 길을 내가 처음 가본 것은 2012년 어느 여름밤이었다. 가족과 함께 산책을 겸해 찾아갔던 그곳에는 김광석을 추억하는 수많은 벽화와 소품들이 있었고, 그의 노래가 나지막이 흐르는 아담하고 편안한 골목길이었다. 2010년 11월 20일, 이 길을 처음 열었을 때는 수성교 쪽 입구를 시작으로 100여 미터 정도의 길이로 조성되었는데, 지역의 예술가들이 참여하여 대구 방천시장 근처에서 태어난 김광석을 기억하고 추모할 수 있는 공간을 예술작품으로 창작한 매우 의미 있는 작업이었다. '김광석 다시 그리기 길'이란 명칭은 1993년과 1995년에 김광석이 발표한 '다시 부르기' 앨범 시리즈에서 착안했다고 한다. 특히 '그리기'라는 말은 중의적 의미를 가지는데, 김광석을 '그리워하면서(想念 Miss) 그린다(畵, Draw)'라는 뜻을 가지고 있다고 한다. 그리고 대중음악인의 이름을 따서 이처럼 김광석의 노래와 삶을 예술적으로 새롭게 창작한 것은 전국적으로 처음이었다고 하니 이 길이 가지는 예술적 의미는 크다고 할 수 있다. 아무튼, 이 길을 처음 봤을 때 나는 내가 사는 이곳 대구에 내가 좋아하는 김광석과 그의 노래를 기억할 수 있는 꽤 잘 조성된 공간이 있다는 사실만으로도 무척 반가웠다.

김광석에게는 대구가 고향이고, 그리 길지 않은 유년 시절을 이곳에서 보냈다는 것 외에 그의 음악 인생에서 이곳 대구가 어떤 특별한 의미가 그에게 개인적으로 있었는지는 모르겠다. 하지만 그를 그리워하는 이들에게는 그가 음악 활동을 왕성히 펼쳤던 서울의 대학로뿐만 아니라 그가 태어난 대구 방천시장에도 그를 기념하는 곳이 있다는 것은 반가운 일이다. 그래서 '김광석 다시 그리기 길'이 그의 노래를 기억하고 즐기고 싶은

'김광석 다시 그리기 길' 입구 풍경

모든 이를 위한 소중한 공간으로 잘 가꿔지길 희망한다.

그러나 우려가 되는 부분도 있다. 처음에는 '문전성시 사업'의 일환으로 조성되었던 이 길이 예상외로 사람들에게 많이 알려지고 유명해지면서 방천시장 개선 사업의 대표적인 성과로 평가받게 되었다. 90년대 초반까지만 하더라도 서문시장, 칠성시장과 함께 대구 3대 시장으로 불리던 방천시장이 도심공동화와 주변의 대형마트 및 백화점으로 인해 쇠퇴하면서 시장으로서의 기능을 상실하고 있을 때 시장의 지주들은 재개발을 통한

보상에 기대를 걸었지만, '김광석 다시 그리기 길'이 성공하면서 사람들이 몰리자 앞다투어 상가건물을 새로 짓고, 기존의 건물을 리모델링하는 등 투자를 확대했다. 하지만 이 때문에 이곳에 터를 잡고 활동하던 문화예술가들과 영세 상인들은 과도한 월세 인상 요구로 인해 자리를 옮기거나 업을 접는 부작용이 발생했다고 한다. 이 길을 실제로 만들고 꾸몄던 주체들이 이 길의 상업적 성공으로 인해 이곳을 떠나야 하는 상황이 발생한 것이다. 애초에 '문전성시 사업'이 목적했던 것은 지속 가능한 문화예술의 공간과 전통시장의 기능을 결합함으로써 지역의 문화예술인들과 시장의 상인들이 서로 상생할 수 있는 새로운 형태의 문화예술 시장을 만드는 것이었다. 그러나 '김광석 다시 그리기 길'의 성공으로 인해 영세한 작가들과 상인들이 실질적인 이익을 얻기보다 월세와 땅값의 상승으로 인해 기존의 몇몇 자본가의 배가 더 부르게 되는 상황은 그리 바람직하지 못한 것 같다. 이 길이 성공하게 된 많은 요인이 있겠지만, 이 길을 고심해서 기획하고 실제로 조성한 문화예술 종사자들의 수고와 노력이 이 길의 성공과 더불어 명예로워지길 기대한다.

길에서 가객을 다시 추억하다.

2016년 1월 어느 날, 광주에서 독일 유학 시절부터 친하게 지내던 지인이 나를 찾아왔다. '김광석 노래집'을 나에게 선물한 이가 바로 그다. 아무 연락 없이 불쑥 찾아온 그가 너무나 반가워 그날 밤늦게까지 술잔을 기울였고, 다음 날 아침 다른 지인들과 함께 '김광석 다시 그리기 길'로 갔다. 김광석의 노래를 좋아하는 그가 이 길을 걸으며 연신 카메라 셔터를 누르고 즐거워하는 모습이 참 좋았다. 그리고 찻집에서 김광석의 노래를 들으며 이런저런 이야기를 나눌 수 있어서 참 행복했다. 이처럼 김광석과 그의 노래가 매개가 되고, 또 그를 추억하고 그리워할 수 있는 공간이 있으며, 이를 통해 사람들과 만나고 소통하고 즐거워할 수 있는 시간은 참 소중하다. 하지만 이 글을 쓰면서 다시금 김광석의 노래를 듣고, 그의 라이브 공연 영상을 다시 보고, 그가 부른 노랫말을 다시 기억하고, 그의 삶을 추억하면서 행복한 마음이 들지만, 또 한편으론 그가 없음으로 인한 상실감과 그가 우리를 버리고 떠나갔다는 서운함의 감상도 함께 밀려온다.

1995년 6월 29일, 그가 세상을 떠나기 전 약 6개월 전, 그리고 삼풍백화점이 허무하게 무너진 날, 김광석은 케이블방송국인 KMTV에서 마련한 콘서트에서 노래를 불렀다. 이 콘서트는 녹화되어 TV에 방송되었는데, 그의 콘서트 전체가 방송전파를 타고 TV에 방영된 것은 이것이 처음이자 마지막이다. 이 콘서트 실황 동영상은 지금도 인터넷을 검색하면 쉽게 찾아볼 수 있다. 이 콘서트 영상에서 김광석은 앵콜곡을 포함하여 모두 12곡을 불렀는데, 그가 자주 공연하던 소극장 분위기는 아니지만, 진지하게 이야기하고 열정적으로 노래하는 그의 모습을 만날 수 있다. 그런데 만약 김광석이 아직 살아 노래하고 있다면, 그래서 2016년 52세의 중년 가수로서 여전히 우리네 삶과 사랑, 그리고 사람을 이야기하고 있을 것이란 부질없는 상상을 하면, 콘서트 영상 속에, 1995년 6월 29일 31살의 나이에 멈춰 노래하고 있는 김광석에게 나는 여전히 서운한 마음이 든다. 왜냐하면, 21년 전 그때의 그로부터도 나는 위로받지만, 지금 함께 살아 숨 쉬며 이 시대의 문제를 바라보는 그의 시선과 그의 해석과, 그로부터 울려나오는 그의 목소리를 듣고 싶은 부질없는 나의 이기적인 욕심이 더 크기 때문이다. 그가 남긴 그의 마지막 노래, "너무 아픈 사랑은 사랑이 아니었음을"처럼 그의 갑작스러운 죽음으로부터 느낀 배신의 감정이 그를 결국 미워하기보다 시간이 갈수록 더욱 그를 그리워하게 하는 아이러니한 상황으로 이어진다. 20년이 지난 지금까지도 그의 노래는 나의 슬픔과 외로움을 위로해주고, 노래의 힘과 기쁨으로 위안을 준다. 하지만 이곳에서의 삶에서 그의 슬픔과 외로움은 결국 위로받지 못했고, 그가 가진 노래의 힘과 기쁨은 추억할 수 있을 뿐 더는 나눌 수 없다. 다시 그 길에 가야겠다.

1995년 6월 29일 KMTV 콘서트 장면 캡쳐

〈너무 아픈 사랑은 사랑이 아니었음을〉

작사 : 류근 / 작곡 : 김광석

그대 보내고 멀리, 가을새와 작별하듯
그대 떠나보내고, 돌아와 술잔 앞에 앉으면
눈물 나누나

그대 보내고 아주, 지는 별빛 바라볼 때
눈에 흘러내리는, 못다 한 말들 그 아픈 사랑
지울 수 있을까

어느 하루, 비라도 추억처럼 흩날리는 거리에서

제4장 대구의 희망을 이야기하다

쓸쓸한 사랑되어 고개 숙이면, 그대 목소리

너무 아픈 사랑은 사랑이 아니었음을
너무 아픈 사랑은 사랑이 아니었음을

어느 하루, 바람이 젖은 어깨 스치며 지나가고
내 지친 시간들이 창에 어리면, 그대 미워져

너무 아픈 사랑은 사랑이 아니었음을
너무 아픈 사랑은 사랑이 아니었음을

이제 우리 다시는 사랑으로 세상에 오지 말기
그립던 말들도 묻어 버리기, 못다 한 사랑

너무 아픈 사랑은 사랑이 아니었음을.

'대구(大邱)'를 '대구(大丘)'라고 부르지 못한 이유

김상현

이름에 얽힌 기억 셋

얼마 전 대구시청 홈페이지에 올라있던 대구의 한자 표기가 '大丘'에서 '大邱'로 바뀐 이유에 관한 글을 읽다가 문득 '이름'과 관련되어 겪었던 몇 개의 에피소드가 떠올랐다. 사실 요즘이야 그렇지 않겠지만, 70~80년대에 유년기를 보낸 사람들의 경우 한 번쯤 경험해 봤음직한 것들일 것이다.

어린 시절 우리 집은 조상 대대로 살던 고향 안동을 떠나 새로운 고장인 청송으로 옮겨와서 살았다. 큰아버지와 함께 사과 과수원을 하시던 아버지가 독립을 계획하던 중 마침 청송에 과수원이 나서 이사를 하게 된 것이다. 이렇게 대대로 살던 마을을 떠나 새로운 곳으로 이주를 했기 때문인지 어머니께서는 늘 나에게 "너가 나가서 행동을 바르게 해야 상놈소리 듣지 않는다"는 말씀을 하시곤 했다. 그러던 어느 날 옆 동네에 놀러 갔다가 나는 아주 당황스러운 일을 겪었다. 갑자기 "야 이놈, 상눔일세"라는 할아버지의 호통 소리에 억울함을 느낄 새도 없이 화들짝 놀란 가슴을 가까스로 추스르며, "아! 내가 뭘 잘못한 것이지."라고 생각했다. 그제야 어머니께서 어른들이 아버지의 이름이 무엇이냐고 물으면 "김동춘입니다"라고 아버지의 이름을 곧바로 부르지 말고, 이름을 한 자 한 자 끊어서 "김 '동'자~, '춘'~자입니다"는 식으로 대답하라고 당부했던 기억이 났다. 하지만 그렇다고 해도 이름을 물은 물음에 그냥 이름을 말한 것일 뿐인데, 그것을 가지고 그렇게 나무라는 이웃 동네 할아버지의 태도에 몹시 놀랐고, 한편으로는 굉장히 억울했다.

이후 나는 그곳에서 중학교에 진학을 했고, 당시 여느 중학생처럼 거의 모든 과목을 별다른 생각 없이 무작정 외우면서 공부했다. 그 중에서 특히 조선시대 왕들의 묘호(廟號)를 "태정태세문단세~, 예성연중인명선~, 광인효현..."이라고 흥얼거리며 외우던 기억이 있다. 당시 나는 '태조'니, '정조'니 하는 명칭이 정확히 무엇을 가리키는지, 다시 말해 그것이 왕의 이름인지, 아니면 호인지를 생각해보지도 않고서 무작정 외웠었다. 물론 얼마 지나지 않아 '태조'니, '정조'니 하는 명칭은 묘호로써 왕들의 이름이 아니라 죽은 뒤 종묘에 신위를 모시면서 붙인 것이라는 사실을 알게 되었다. 그래서 나는 묘호 말고 실제 왕들의 이름이 무엇인지 궁금해졌고, 이런 궁금증을 풀기 위해 조선시대 왕들의 이름을 찾아보기로 했다. 그런데 뜻밖에도 나는 그 과정에서 놀라운 사실을 발견하게 되었다. 그것은 조선시대 왕들의 이름이 대부분 외자, 즉 한 글자였다는 것이다. 초등학교(당시 국민학교) 시절부터 이름을 적는 란을 보면 으레 네 칸으로 되어 있어서 첫 칸에는 성을 적고 한 칸 띄우고 두 글자의 이름을 적는 것이 일반적이었기 때문에 나는 이름은 으레 두 글자인 것으로 알고 있었다. 하지만, 조선시대 왕은 3대 태종 '이방원'과 6대 단종 '이홍위' 두 사람을 제외한 나머지 25명의 이름이 모두 한 자였다. 물론 우리는 조선을 건국한 태조의 이름이 '이성계'이고, 그의 아들 가운데 두 번째로 왕위에 오른 정종의 이름이 '이방과'이고, 세 번째 왕위에 오른 태종의 이름이 '이방원'이라고 알고 있다. 하지만 이성계, 이방과, 이방원이라는 이름은 모두 이성계가 왕이 되기 이전에 지어진 이름이었으며, 그나마 이성계와 이방과의 경우는 왕위에 오른 후 각각 '이단'(李旦)과 '이경'(李曔)으로 개명을 하였다. 이 밖에 강화도에 있다가 안동 김씨 가문에 의해 졸지에 왕이 된 철종 역시 왕이 되기 전에는 이원범으로 불렸지만, 왕이 된 이후에는 이변(李昪)으로 개명하였고, 고종 역시 왕이 된 이후에는 이명복에서 이형(형 혹은 희)으로 개명을 하였다. 조선왕조뿐만 아니라 고려왕조 또한 왕건을 시작으로 이후 왕무, 왕요, 왕소, 왕주, 왕치…… 34명이 왕들의 이름은 모두 한 글자였다. 그래서 당시 나는 "무엇 때문에 고려와 조선의 왕들 이름은 두 글자가 아닌 한 글자로 지어졌을까?"라는 의문을 한동안 품었었다.

　마지막으로 대학원 시절에 이름과 관련하여 겪었던 다소 황당했던 에피소드를 소개하겠다. 철학과 대학원에서 동양철학을 전공하던 시절 나는 옆 한문학과에서 퇴계 이황의 「성학십도」에 관한 수업을 개설한다는 소식을 듣고, 그 수업에 수강신청을 하여 들었던 적이 있다. 철학과에서는 주로 고전 텍스트에 대한 정확한 번역과 번역된 내용의 분석을 중요하게 생각하였기에 수업시간에 고전 텍스트를 소리를 내 읽는 일은 거의 하지 않았다. 이러한 수업 분위기에 익숙하였던 나는 한문학과 수업도 그럴 것으로 생각했었다. 하지만 당시 내가 들었던 한문학과 수업에서는 한자를 사성(四聲: 평성, 상성, 거성, 입성)에 따라 장음과 단음을 구별하여 정확히 읽도록 요구하였다. 나는 평소 장단음을 구별하지 않은 채 한자를 읽었기 때문에 이와 같은 수업 방식이 매우 당황스럽고도 어색했다. 물론 잘하지도 못해 늘 내가 발표할 차례가 다가오면 등에서 땀이 날 정도로 긴장했었다. 마침 내가 읽어야 할 부분(「진성합십도차(進聖學十圖箚)」)이 돌아와서 나는 진땀을 흘리며 "판중추부사 신이황 근재배상언(判中樞府事臣李滉謹再拜上言)……."라고 읽자 담당 교수님께 "'이황'이라고 읽으면 되나!"라며 호되게 나를 나무라시는 것이었다. 나는 "'이황'이 아닌가!"라며 중얼거리면서, 순간 내가 무엇을 잘못 읽은 것인지를 찾고 있었다. 하지만 곧이어 교수님께서는 독음을 잘못한 것이 아니라 오히려 독음을 너무 분명히 한 것을 지적하셨다. '이황'이라고 이름 황을 정확하게 '황'이라고 읽은 것이 잘못이라는 것이다. 당시 교수님께서는 "신이황"이라고 읽지 말고 "신이모"라고 읽어야 한다고 말씀하셔서 나는 매우 당황스러웠다.

이름에 얽힌 동아시아의 문화

앞서 살짝 말했듯이, 여기서 내가 옛날에 내가 겪었던 세 가지 당황스러웠던 경험을 다소 장황하게 늘어놓은 이유는 대구라는 지명이 대구(大丘)에서 대구(大邱)로 바뀐 이유를 설명하기 위해서다. 물론 음이 바뀐 것은 아니어서 이러한 변화를 대수롭지 않은 것으로 생각할 수도 있다. 하지만 '丘'와 '邱'는 엄연히 다른 글자이기 때문에 한자의 측면에서 보면 명칭이 바뀐 것으로 보아야 한다. 그렇다면 왜 대구의 한자 표기가 바뀐 것일까? 이러한 물음에 대한 답을 찾기 위해서는 이름 표기와 관련된 동아시아의 문화에 대해 먼저 살펴보아야 할 것이다.

일반적으로 동아시아의 한자문화권에서는 왕을 비롯한 지위가 높은 사람이나 덕망이 있는 사람으로 '존경할 만한 대상'이나, 혈연적으로 '자신을 낳아준 사람'의 이름을 직접 부르거나 곧바로 표기하는 것을 금지하는 문화가 있는데, 이것을 어려운 말로 '피휘'(避諱)라고 한다. 피휘에서 '피'(避)는 '피한다'는 뜻이고, '휘'(諱) 역시 원래는 '꺼려서 피한다'는 뜻이었지만, 이러한 의미에서 확장되어 '죽은 사람의 이름'을 가리키기도 하였다. 그래서 피휘는 '휘를 피함' 혹은 '휘를 곧바로 부르거나 표기하지 않음' 정도로 번역할 수 있다. 그런데 여기서 '휘'가 이름을 뜻하기 때문에 피휘는 '이름 피하기' 정도로 이해할 수 있겠다. 이러한 문화는 매우 오래된 것으로 유학의 창시자라고 할 수 있는 공자가 살았던 주(周:BC~BC)대까지 거슬러 올라간다. 우리는 주나라의 제도와 관례를 기록하고 있는 『주례』「춘관·소사」에 나오는 "왕의 기일과 휘를 세상 사람들에게 알린다."(詔王之忌諱)라는 구절을 통해서도 이러한 사실을 확인할 수 있다. 여기서 '기일'은 '왕이 돌아가신 날'을 의미하고, '휘'는 '왕의 이름'을 가리킨다(先王死日爲忌 名爲諱). 그러므로 주나라에서는 왕이 돌아가시게 되면 그 날을 널리 백성들에게 알려 적어도 그날이 가까워 오면 술을 마시거나 음악을 연주하지 않고 행동을 근신하게 하는 한편 왕의 이름을 널리 알려 백성들이 왕의 이름을 함부로 부르거나 사용하는 일이 없도록 하였다는 사실을 알 수 있다. 그리고 『예기』「곡례상」에서도 "졸곡을 지낸 뒤라야 비로소 그 이름을 휘한다. 예(禮)에 음이 같다고 하더라도 글자 모양이 다른 경우는 휘하지 않으며, 두 글자로 된 이름이면 한 글자만은 휘하지 않는다."라고 하여 왕뿐만 아니라 자신을 낳아준 부모의 경우도 이름 부르기를 피해야 한다고 한다.

　그렇다면 옛날 사람들은 이렇듯이 '존경할 만한 대상'이나 자신을 낳아준 부모의 경우 죽은 후에라야 비로소 그의 이름 부르기를 꺼려했던 것일까? 그렇지는 않은 것 같다. 앞서 소개했던 필자의 어린 시절 경험에서도 알 수 있듯이 살아있는 사람이라고 하더라도 그 사람이 왕처럼 매우 지위가 높거나 아니면 덕망이 있는 경우, 그리고 혈연적으로 자신을 낳아준 경우 그 사람의 이름을 곧바로 부르는 것을 피했던 것으로 보인다. 그래서 나온 방법이 곧바로 "○○"라고 이름을 부르지 않고 한 글자씩 끊어서 "○"자, "○"자로 불렀던 것이다. 이러한 방식은 아버지의 이름은 이름 피하기의 대상에 해당하기 때문에 곧바로 부를 수 없는데도 불구하고 누군가가 이름을 물으니, 어쩔 수 없이 정보만을 전달하기 위해 선택했던 것으로 보인다. 한 가지 여담을 하자면, 일반적으로 이와 같은 이름 피하기의 전거로 『춘추』의 주석서인 『춘추공양전』에 나오는 "『춘추』는 존경하는 사람의 이름을 피하고, 부모의 이름을 피하고, 현자의 이름을 피한다." (春秋爲尊者諱, 爲親者諱, 爲賢者諱)라는 구절을 끌어들이는 경우가 있다. 하지만 여기서 '휘'(諱)는 말 그대로 일차적 의미에서 '피한다', '숨긴다' 즉 '말하지 않는다'는 것이다. 하지만 피하고자 하는 내용은 이들의 이름이 아니다. 『춘추』를 기록한 공자는 단순히 이들의 이름을 숨기고자 했던 것이 아니라 이들의 행적 가운데 매우 큰 허물은 들추어내기보다는 덮어주고자 했던 것이다. 가족공동체의 보존을 무엇보다 중요시했던 공자는 아버지가 잘못을 저지른 경우 자식이 아버지를 경찰서에 신고하는 것보다 오히려 그 허물을 덮어주고 가려주는 행위를 더 큰 미덕으로 보았고, 이러한 자신의 신념을 『춘추』라는 역사서에 반영했던 것이다.

이름이 갖고 있는 본래적 의미

다시 돌아가서, 이름을 함부로 부르지 않는 것은 한자 '이름 명(名)'이란 글자의 구성을 살펴보아도 짐작할 수 있다. 한(漢)나라 허신이 만든 한자사전 『설문』을 보면 명(名)에 대해 다음과 같이 풀이하고 있다. "이름은 스스로 붙이는 것이다. 글자가 입과 저녁을 따른다. 여기서 저녁은 어두운 때를 가리킨다. 저녁이 되면 어두워서 서로 볼 수가 없기 때문에 입으로 스스로 자신의 이름을 부르는 것이다."(名自命也 從口夕 夕者冥也 冥不相見故 以口自名)라고 하였다. 이 기록에 따르면 고대 동아시아 사람들은 자신을 다른 사람과 구분하기 위해 자신에게 이름을 붙인 후 그것을 불렀던 것으로 보인다. 그렇기 때문에 다른 사람은 그 사람의 이름을 함부로 부르지 않았던 것이다. 이러한 사정은 『예기』, 「단궁」에서도 확인할 수 있다. 여기에 보면, 어렸을 때는 이름을 사용하지만, 관례를 치르고 어른이 되면 이름을 함부로 부르지 않고 자(字)를 주위 사람이 그것을 사용하도록 했다는 기록이 나온다(幼名冠字). 그런데 사실, 이름이 갖는 존엄성은 동아시아의 문화만은 아니었던 것 같다. 다시 말해 존경하는 대상이나 두려운 존재에 대해서 입에 올리지 않는 관습은 고대사회에 널리 퍼져 있었던 것으로 보인다. 이러한 점은 "너희는 너희 하느님 여호와의 이름을 함부로 부르지 못한다. 여호와는 자기의 이름을 함부로 부르는 자를 죄 없다고 하지 않는다."라고 하는 그리스도교의 십계명을 보아도 알 수 있다. 그리스도교에서 여호와라는 이름 대신에 주님으로 부르는 것, 불교에서 고타마 싯타르타 대신 붓다 Buddha(혹은 석가모니 Sakya Muni)라고 부르는 것도 모두 이름 피하기의 관습과 연관이 있다고 할 수 있겠다. 이처럼 이름은 스스로 부르면 자신을 낮추는 의미에서 겸손함을 드러낼 수 있지만, 다른 사람은 아무렇게나 부를 수 없는 존엄성도 가지고 있었던 것이다.

기억 속 황당함의 해소

이름 피하기의 풍속은 앞서 살펴보았듯이 출발은 지위나 덕망이 높은 사람과 자신을 낳아준 사람에 대한 존경심에서 시작되었지만, 시간이 지나면서 점차 법제화 되며, 그 이후에는 다시 경화되어, 이러한 규칙을 어기면 단순히 도덕적 무례를 넘어서 심하면 폐가망신에 이르는 경우도 있었다. 특히 중국에서는 이와 같은 법을 중시하여 제도를 만들고 이름 피하기의 법을 어긴 사람들을 적발하는 업무를 담당하는 관리까지 두었다고 한다. 그럼, 이제 이름피하기 법인 '피휘'에 대해 좀 더 자세히 살펴보면서 대구라는 지명의 변천에 얽힌 이야기를 마무리하겠다.

그렇다면 피휘를 했던 방법에는 어떤 것들이 있었을까? 피휘를 하는 방법에는 크게 글자를 바꾸는 것, 글자를 쓰지 않고 비워두거나 혹은 □로 표기하는 것, 직접 쓰거나 부르지 않고 '모'(某)자로 쓰거나 부르는 것, 글자를 온전하게 쓰지 않고 한두 획을 빠뜨리고 쓰지 않는 것 등이 있다. 이것을 좀 어려운 말로 개자(改字), 공자(空字), 모자(某字), 결자(缺字) 등으로 부르기도 한다.

앞서 대학원에서 한문학과 수업을 들었을 때 내가 당황했던 이유는 당시 존경할 만한 대상의 이름을 직접 부르는 대신 '모'라고 해야 하는 줄 몰랐기 때문이 아니다. 사실 나는 옛 선비들이 책을 읽을 때 그렇게 했다는 사실을 전해 들어 알고 있었지만, 굳이 옳고 그름을 다투는 수업시간에 "판중추부사 신이모"라고 읽을 필요가 있을까 해서 그렇게 읽었던 것이다. 나는 대학원에 진학한 후에 처음으로 옛 문집들을 직접 보게 되었는데, 옛 문집은 매우 읽기가 매우 어려웠다. 그런데 그 이유는 글자가 한글이 아니라 한자로 쓰였기 때문만은 아니다. 옛 문집을 직접 접하는 독자를 더욱 난감하게 하는 것은 띄어쓰기가 전혀 되어 있지 않았을 뿐만 아니라 종종 글자가 들어 있어야 할 자리인데도 불구하고 '의도적으로' 쓰지 않고 비워두거나 아니면 자칫 의도적 비워둔 것이라는 사실을 모를 수도 있는 독자를 위해 커다란 네모 박스(□)를 표기해 놓은 경우도 있었기 때문이다. 또 어떤 경우는 글자를 잘못 쓴 것이 아닌가라는 생각이 들 정도로 온전한 글자로 표기되지 않는 경우도 있었다. 가령 왕건의 이름 '건'(建)을 피하려고 건(建)에서 아래의 받침(⻌)을 생략한 채 표기되기도 하였고, 공자의 이름 '구'를 피하려고 구(丘)에서 오른쪽 세로획(丨)을 생략한 채 표기되기 하였다. 나는 이황을 이'모'자로 읽지 않고 이'황'이라고 읽어, 모자(某字) 피휘법을 적용하지 않아 교수님으로부터 질책을 받았지만, 당시 나를 더 괴롭혔던 것은 이름을 아예 생략하여 표기 하지 않는 것(공자)과 이름을 온전하게 표기하지 않는 이름 피하기(결자) 방법이 적용된 문집을 읽는 것이었다.

그러나 이름 피하기 방식 가운데 가장 많이 사용되었던, 그래서 많은 사람에게 많은 불편함을 주었던 방식은 따로 있다. 그것은 사용되고 있는 글자 가운데 피해야 할 이름과 같은 글자가 있다면 그것을 아예 다른 글자로 바꾸는 개자(改字)이다. 앞서 당 태종의 이름이 세민(世民)이라는 이유로 당나라 중앙행정관 제 6부 중 하나인 '민부'(民部)를 '호부'(戶部)로 바꾼 경우가 대표적인 사례라고 할 수 있겠다. 그래서 우리나라도 덩달아 '호부

(戶部)', '호조'(戶曹)라는 용어를 사용했던 것이다.

'大丘'에서 '大邱'로 바뀐 이유

이름 피하기의 문화가 언제 우리나라에 들어왔는지 정확히 알 수 없지만, 적어도 삼국시대 금석문내지 사서에는 이름 피하기의 사례가 매우 많이 보이는 점으로 미루어 보아 이미 삼국시대 이전에 유입된 것으로 보인다. 신라 성덕왕 때 세운 신라 문무왕릉비에는 세운 날짜를 '경진'(景辰健碑)라고 하였고, 흥덕왕 때 세운 숭복사비문에는 '보력경오춘'(寶歷景午春)이라 되어 있는데, 여기서 '경진'(景辰)과 '경오'(景午)는 사실 병진(丙辰: 716)과 병오(丙午: 826)의 해로 당나라 고조의 아버지 이름 이병(李昞)을 피하려고 경으로 바꾼 것으로 볼 수 있다.

고구려 연개소문은 이름 피하기 문화에 의해 억울하게 자신의 성을 빼앗긴 경우라고 하겠다. 연개소문은 요즘으로 보자면 국무총리에 해당되는 '대대로'라는 높은 벼슬을 지낸 연자유(淵子遊)의 아들로 조상 대대로 '연'(淵)이라는 성을 사용하였다. 하지만 당나라 고조의 이름 이연(李淵)의 '연' 자와 같은 바람에 졸지에 연이라는 성을 잃어버리게 되었다. 물론 요즘은 연개소문이라고 부르지만, 적어도 당시에는 그렇게 기록되지 않았던 것으로 보인다. 왜냐하면 중국의 각종 문헌에 천씨로 기록되어 있고, 더욱이 사대사관이 투영된 김부식의 『삼국사기』에 개소문을 비롯해 그의 후손들까지 천(泉)씨로 기록하고 있기 때문이다. 연남생의 경우는 고구려는 배신하고 당나라에 투항한 후 망명을 했기 때문에 당나라 입장에서 이름 피하기를 적용하여 천남생으로 표기했다고 하더라도, 고려에 남아 끝까지 당나라에 항전했던 남건과 남산까지 모두 김부식은 그 성을 '천'씨로 바꾸어 버렸던 것이다.

이와 같은 문화는 고려시대에도 크게 유행하였지만, 그 대상은 주로 임금의 이름에 한정되어 적용하였다. 역사서, 문집, 금석문의 탁본 등 고려 때 나온 자료의 문장을 조사하여 보면 태조의 아버지 세조의 이름 륭(隆), 태조의 이름 건(建), 혜종의 이름 무(武), 정종의 이름 요(堯), 목종의 이름 송(誦) 등을 피한 경우가 특히 많이 보인다. 물론 고려대의 이름 피하기는 조선으로 넘어와서도 여전히 시행되었다. 하지만 성리학을 통치 기반으로 건국된 조선은 고려와 달리 이름 피하기의 폐해를 최소화하려는 움직임을 보인다. 그만큼 백성들의 불편을 줄이기 위해 고심했던 흔적을 살펴볼 수 있다. 조선시대에 들어와서는 피휘에 대한 문제점을 미리 알고 있었기 때문에 임금이 될 사람이나 왕족은 이름을 두 자로 짓지 않고 한 자로 지었으며, 그것도 보통 잘 사용하지 않은 글자, 즉 벽자(僻字)로 이름을 지었던 것이다. 이뿐만 아니라 왕의 이름 외에 피휘의 적용 범위를 극도로 제한하여 백성들의 삶에 불편함을 덜어주고자 노력했던 흔적을 엿볼 수 있다. 하지만 임진왜란 이후 조선의 통치 이념으로 기능했던 성리학이 점차 이데올로기화되면서 서서히 피휘 문화가 다시 고개를 내밀기 시작한다. 이러한 과정에서 마침내 천년 이상 사용되었던 대구라는 지명의 한자식 표기가 '大丘'에서 '大邱'로 바뀌게 된다.

대구라는 지명은 삼국시대에는 다벌(多伐), 달벌(達伐), 달불성(達弗城), 달구화(達句火), 달구벌(達句伐)로 표기되다가, 신라 경덕왕 16년(757년) 당(唐) 문회의 영향으로 신라의 문물세도를 중국식(中國式)으로 정비해 가는 과정에서 달구벌을 음역하여 대구(大丘)로 바뀌었다고 한다. 이렇게 하여 오늘날 대구가 '大丘'로 사용되다가 영조 대에 와서 이양채(李亮采)라는 사람의 상소로 인해 전환기를 맞이한다. 이양채는 영조에게 다음과 같은 상소를 올린다. "신이 사는 고을은 바로 영남의 대구부(大丘府)입니다. 대구부의 향교에서 옛 성인에게 건국초기부터 제사를 지내왔는데, 봄 가을로 문묘에 지내는 제사에 지방관이 으레 첫 술잔을 올리기기 때문에 축문에 대수롭지 않게 '대구판관'이라고 써넣고 있습니다. 그런데 대구의 '구'자는 바로 공부자(공자를 높여 부르는 명칭)의 이름과 같은데, 신전에서 축문을 읽으면서 곧바로 성인의 이름자를 범하니 사람들이 불안하게 여깁니다……."(영조실록 26년 12월 20일) 하지만 옆에 있던 승지 황경원(黃景源)이 대구 외에도 '구'(丘)자가 들어 있는 지명이 많으며(봉

구현(封丘縣), 침구현(沈丘縣), 상구현(商丘縣), 임구현(任丘縣) 등등) 그곳에서도 모두 문묘에 제사를 지낼 때 구라는 글자를 피하지 않는다고 말하자, 영조는 "요즘 유생들은 쓸데없는 곳에 신경을 쓰는 것 같다. 너의 말대로라면 지난 300년 동안 우리나라의 많은 선비가 너만 못해서 별다른 말없이 지내왔다는 것이냐! 쓸데없는 곳에 신경 쓰지 말고 공부나 하라!"고 핀잔을 주면서 상소를 돌려주라고 했다. 하지만 영조의 이와 같은 노력에도 불구하고 정조 2년인 1778년부터 '大邱'라는 표기가 조선왕조실록에 나오기 시작하였고, 그 후 '大邱'와 '大丘'가 혼용되다가 헌종 7년인 1841년 이후는 마침내 '大丘'라는 표기법은 사라지고 '大邱'로 사용되게 된 것이다.

달빛동맹, 화합과 상생을 위한 대구와 광주의 만남

이재현

'달빛동맹'이라고 들어본 적이 있는가? 로맨틱 무협지에나 나올 법한 이 말은 대구의 옛 지명인 '달구벌'과 광주의 별칭인 '빛고을'의 앞글자를 따서 '달빛'이란 말이 만들어졌고, 영호남의 대표도시인 대구와 광주 간의 교류 협력을 위한 협약을 뜻한다. 2009년 7월, 김범일 당시 대구시장과 박광태 광주시장은 '달빛동맹'이란 이름으로 의료산업 공동발전을 위한 업무협약을 체결하였다. 이를 계기로 두 도시의 민관은 정치·경제·문화·예술·교육 등 전방위에 걸쳐 크고 작은 교류와 협력 사업을 진행했다. 급기야 2015년 4월에는 양 도시의 의회에서 대구와 광주, 영남과 호남의 교류를 민간이 주도하여 추진할 수 있는 관련 조례를 제정하여 그해 5월 18일 광주에서 권영진 대구시장과 윤장현 광주시장을 비롯하여 각계의 민관 인사가 참여하여

'달빛동맹 민관협력추진위원회'를 창립했다.

대구 두류공원 야외음악당 뒤편에 조성된 '광주-대구 교류협력 시민의 숲'

나제동맹, 그리고 퇴계와 고봉

역사적으로 볼 때, 두 지역 간의 '동맹'의 경험은 삼국시대까지 거슬러 올라간다. 백제는 4세기 초 고구려의 남하 정책으로 인해 정면충돌을 피할 수 없게 되었다. 이를 막기 위해 서기 366년 백제의 근초고왕은 신라의 내물왕에게 사신을 보내 신라와 백제가 함께 고구려를 막기 위한 동맹을 맺어 고구려의 남하를 막는 성과를 거두었다. 하지만 이 동맹은 신라가 고구려와 손을 잡게 되면서 깨지게 된다. 그 후 고구려 장수왕은 더욱 적극적인 남진정책을 추진하기 위해 427년 국내성에서 평양으로 천도를 단행하는데, 이러한 고구려의 움직임은 백제뿐만 아니라 신라에게도 큰 위협이 되었다. 이에 433년 백제 비유왕과 신라의 눌지왕은 군사적 공수동맹(攻守同盟)동맹을 다시 맺게 되는데, 이를 역사에서 제2차 나제동맹이라 부른다. 군사적 이유로 인해 맺은 이 동맹은 그 후 발전하여 혼인동맹으로까지 이어졌고, 돈독한 나제동맹은 고구려의 남진정책을 효과적으로 저지하는 데에 큰 성과를 거둔다. 그러나 553년 신라의 진흥왕이 백제가 차시했던 한강 하류지역을 점령함으로써 120여 년간 지속되었던 나제동맹은 완전히 깨져버린다.

사상사적 측면에서 영호남의 학문 교류 중 대표적인 사례는 영남의 퇴계 이황(1501~1570)과 호남의 고봉 기대승(1527~1572)의 만남이다. 두 사람은 첫 만남이 1558년 10월이었는데, 당시 퇴계는 58세, 고봉은 26살 어린 32세였다. 그때 퇴계는 성균관 대사성에 취임하였고, 고봉은 문과에 급제하여 승문원 부정자에 임명되었다. 고봉은 과거에 급제하자마자 평소 존경하던 퇴계를 찾아가 인사하였는데, 이 만남을 계기로 두 사람은 13년 동안 서신을 주고받으며 우정을 쌓는다. 그중 8년간의 서신 내용이 바로 조선 성리학의 핵심 이론 중 하나인 '사단칠정(四端七情)'에 관한 논쟁이다. 이 논쟁은 이후 이(理)와 기(氣)에 관한 다양한 해석과 이론을 낳는 중요한 효시가 되었고, 퇴계 이후 조선 유학자들은 사단

칠정에 대한 깊이 있는 이해가 없으면 학자 대접을 못 받았다고 할 정도였다. 이 논쟁이 담긴 두 사람의 서신 교환은 단순히 학문적 의미만을 가지고 있는 것은 아니다. 서신을 통해 토론을 벌였던 두 사람은 26살의 차이에도 불구하고 서로에 대한 인정과 의리, 그리고 존경과 포용을 바탕으로 학문적 진리를 추구함에 있어서의 엄밀함과 깊이는 물론 서로를 이해하고 설득시키기 위한 이상적 소통과 연대를 보여주는 대표적인 사례로서 시대를 뛰어넘어 오늘날까지 기억되고 있다. 이러한 영호남 학문 교류의 사상사적 배경 속에서 지난 2015년 11월 13일 달빛동맹의 일환으로 전남대학교 호남학연구원과 광주광역시 및 대구광역시가 공동으로 학술행사 "고봉, 퇴계를 만나다"를 광주에서 개최하였다.

2.28과 5.18

'달빛동맹' 이야기를 현대사로 끌고 와보자. 2003년 5월 7일 대구에서 의미 있는 포럼이 개최되었다. 한국언론재단과 한국기자협회가 주최하고 광주전남기자협회와 대구경북기자협회가 주관하여 '한국 민주화 과정에서의 대구와 광주의 의미'라는 주제로 제26회 기자포럼이 열렸다. 이 자리에서 발제를 맡은 영남대 정치외교학과 김태일 교수는 한국의 민주화 과정에서 1960년 대구 2.28 민주운동을 박정희 유신독재에 맞선 4월 혁명의 햇불로서, 그리고 1980년 광주 5.18 민주항쟁을 전두환이 이끈 신군부의 폭력에 저항한 민주주의의 십자가로 평가하고, 대구와 광주가 한국 정치사의 주요한 국면에서 민주주의 발전의 선도적 역할을 맡았다고 주장하면서, 한국 사회의 고질적 병폐인 지역주의 타파에 두 도시가 함께 노력함으로써 미래의 한국 민주주의 발전에도 크게 기여할 수 있다고 강조했다. 그런데 대구와 광주가 망국적 지역주의의 거점이 되어 서로를 불신하고 배제하게 된 상황에 대하여 이 포럼에 참석한 발제자와 토론자들은 지역 출신의 정치엘리트들의 권력욕과 지배허위의식에 사로잡힌 지역민의 태도를 주목했다. 우선, 지역을 기반으로 서울과 중앙에 진출한 정치엘리트들이 권력 투쟁의 과정에서 자신들의 기득권을 지키기 위해 지역주의를 조장했다는 것이다. 또한, 지역민들이 'TK정서'와 '호남소외론'에 동조하면서 중앙 권력에 지역 출신이 대통령을 비롯한 요직에 앉으면 지역이 발전할 것이라는 '지배허위의식'에 사로잡힌 것이 두 지역 간의 불필요한 경쟁과 갈등을 불러일으켰다는 것이다. 포럼 참가자들은 권력욕에 눈이 먼 지배자들에 의해 양 지역이 내부 식민지로 전락하는 것을 막기 위해서는 지역의 자치 역량을 강화하고, 다양한 층위에서 두 지역이 서로 연대하여 협력할 것을 주문했다.

'보수의 아성'이라 불리는 대구. 그러나 근현대사에서 대구는 항상 보수적이었을까? 그렇지 않았다. 일제의 제국주의적 침탈에 맞서 1907년 전국적으로 번진 국채보상운동이 대구에서 시작되었고, 무장 항일투쟁을 위한 독립운동단체인 대한광복회가 1915년 대구에서 결성되었다. 또한, 일제강점기와 해방 직후에 대구는 '조선의 모스크바'라고 불렸을 정도로 좌파 운동이 성행했다. 1956년 3대 대통령 선거 당시 부정선거가 판을 쳤을 때 7:3 정도의 득표율로 이승만이 강화도 출신의 무소속 후보 조봉암을 앞섰지만, 대구에서만 그 비율이 3:7로 뒤집어져 조봉암을 지지했다. 앞서 소개한 것처럼 1960년 대구 2.28 민주운동은 그해 4월 혁명으로 이어지면서 부패한 이승만 정권을 무너뜨리는 도화선 역할을 했다. 이처럼 진보적 색채를 띤 대구의 정치 성향이 정권 친화적이면서 보수적으로 변화하기 시작한 때는 1961년 5·16 쿠데타로 정권을 잡은 박정희가 대통령이 되고 대구가 지배세력에 편입하면서부터이다. 이때부터 대구 시민들은 대구가 정치, 경제의 중심지라는 인식을 가지면서 패권주의 성격을 띠게 된다. 그러다 보니 대구의 보수성은 이념적 성향을 띠기보다 기득권 유지에 관심을 가지면서 지배 권력에 대한 맹목적 지지를 통한 수구적 성향을 보이게 된다. 이런 와중에 1980년 5월 광주에서 발생한 민주항쟁은 대구와 광주 사이에 지역적 갈등을 심화시키는 중요 원인이 되었다고 나는 생각한다.

영남대 김태일 교수에 따르면, 박정희 독재정권이 '잘살아 보세!'라고 외치며 수출주도형 산업화 정책을 밀어붙이면서 경상도지역에는 다수의 산업단지가 들어서게 되고, 이에 따라 이 지역은 급격히 도시화가 진행되었다. 하지만 농업이 중심이었던 호남지역은 상대적으로 많은 희생을 감수하면서 낙후되었다. 또한, 1971년 대통령 선거 때 박정희는 당시 신민당의 대통령 후보였던 김대중과 힘겨운 선거전을 통해 재집권에 성공할 수 있었다. 그 후 정치적 정적이 된 김대중을 지지하는 호남지역에 대한 박정희 정권의 정치적 견제와 차별은 심화되었고, 이에 반발한 호남 지역민의 박정희 정권에 대한 저항의식과 더불어 이 정권을 전폭적으로 지지하는 경상도지역에 대한 반감은 날로 커져 갔다. 이런 와중에 1979년 12.12 군사반란을 통해 군권을 장악한 대구 출신의 전두환과 신군부 세력은 비상계엄을 선포하여 정권을 탈취하는 과정에서 이에 저항하는 학생과 시민을 폭력적으로 진압하였다. 특히 광주에서는 1980년 5월 18일부터 27일까지 무수한 시민과 학생의 저항이 계엄군의 무차별적 폭력과 참혹한 살상으로 유혈 진압되면서 우리의 민주주의 역사에 깊은 상처가 되어버렸다. 이후 전두환이 대통령이 되고, 같은 군사반란의 주역이었던 노태우까지 정권이 이어지면서 1960년대 박정희로부터 80년대 전두환과 노태우에 이르기까지 소위 'TK'출신 및 이를 지지하는 보수정당이 차례로 장기 집권을 한다. 게다가 5.18 광주항쟁을 유혈로 얼룩지도록 강제 진압한 일차적 책임이 대구 출신의 전두환에게 있었고, 이에 대한 광주 지역민들의 대구지역에 대한 강한 반감은 자연스러웠다. 그러나 지역패권주의에 사로잡힌 'TK' 정서 속에서, 그리고 그 중심인 대구에서 광주항쟁은 무장폭동으로 왜곡되고 만다. 이렇게 두 지역은 가해자와 피해자의 왜곡된 논리 속에서 서로를 반목하게 되고, 지역의 정서를 이용하여 중앙정치의 권력을 쟁취하려는 소수 기득권 세력의 탐욕으로 인해 지역주의 정치가 고착되면서 실제 이 지역에 살고 있는 다수의 시민은 지역 간 공생과 발전이 아닌 서로의 살을 파먹는 공멸의 길을 걷게 된다.

대구에서 나고 자란 나에게도 직접적이지는 않았지만 광주의 아픔에 관한 기억이 있다. 1987년 대구와 광주뿐만 아니라 전국을 휩쓸던 민주화 운동이 한창이던 어느 초여름이었다. 가톨릭 신자인 나는 당시 계산성당 중고등부 주일학교 학생회 활동을 열심히 했던 터라 자주 성당을 드나들었다. 정확히 언제였는지는 기억나지 않지만, 무덥던 어느 날 저녁, 성당 문화관 지하 회합실에서 비디오 상영이 있다는 (은밀한) 소문을 들었고, 호기심에 그곳을 찾아갔다. 컴컴한 회합실에는 꽤 많은 수의 대학생과 청년 선배들이 모여 있었고, 그 비디오는 이제 막 상영을 시작한 것 같았다. 조심스레 문을 열고 들어가려 하자 한 선배가 길을 막고는 고개를 저으며 들어오지 못하게 했지만, 다른 한 선배가 나를 보더니 괜찮다며 길을 열어주었다. 도대체 무슨 비디오를 보기에 이렇게 숨죽여 조심스럽고 보고 있는지 의아했던 나는 내 눈에 들어오는 영상을 보고선 경악과 충격을 넘은 슬픔에 잠겼고 며칠 동안 잠을 설쳐야만 했다. 그 영상은 바로 5·18 광주항쟁의 참혹한 실상이 고스란히 담긴 '광주비디오'였다. 나중에야 알게 되었지만, 그 비디오는 광주에서부터 전국을 돌며 은밀하고 조심스럽게 – 왜냐하면, 그 비디오를 복사하거나 소지하거나 보는 것만으로도 구속되었던 엄중한 시절이었다 – 전파되었는데, 지금은 고인이 된 독일 공영방송 ARD 기자였던 위르겐 힌츠페터가 목숨을 걸고 기록한 영상이었다. 그 비디오를 보기 전과 그 후에 이 사회와 국가를 바라보는 나의 시각은 완전히 바뀌게 되었다. 비록 고등학생의 어린 나이였지만, 나는 처음으로 내가 듣고, 배운 것이 철저히 왜곡되고 잘못되었을 수도 있음을 깨달았다. 정의롭지 못한 이들과 그들의 권력에 분노했으며, 그것에 순응하고 편승하는 이들이 부끄러웠다. 그 날 이후, 바로 광주의 그 아픔으로 말미암아 나의 사회적 의식과 양심이 눈을 뜨기 시작한 것이다.

아픔의 치유로부터 화합과 상생으로

2013년 당시 김범일 대구시장은 영남권 자치단체장으로서는 처음으로 5.18 광주민주화운동 기념식에 참석했다. 바로 '달빛동맹' 덕분이다. 그 후 대구시장단과 광주시장단은 2.28 대구민주운동과 5.18 광주민주화운동 기념식에 교차로 참석하고 있다. 2016

년에는 권영진 대구시장과 함께 김관용 경북도지사가, 그리고 윤장현 광주시장과 이낙연 전남도지사가 함께 5.18 기념식에 참석하였고 '달빛동맹 민관협력'에 관하여 함께 상의하였다고 하니 이 동맹이 대구와 광주를 넘어 영호남 전체로 확대되는 듯하다. 또한, 2014년 두 지역의 동맹을 기념하고 미래를 위한 화합과 상생을 기원하는 의미에서 대구는 두류공원에 '광주 시민의 숲'을, 광주는 대상공원에 '대구 시민의 숲'을 조성하였다. 물론 두 지역의 단체장들이 한국 민주주의의 대표적인 민주화 운동의 기념식에 교차 참석하고, 대구와 광주를 위한 기념숲을 조성하는 것이 그동안 두 지역의 갈등과 반목의 크기와 깊이에 비하면 무슨 큰 의미가 있을지 의심할 수 있을 것이다. 하지만 그간의 상처와 아픔이 한순간에 치유되지는 않을 것이다. 그렇다고 그냥 바라만 보고 있다고 그 치유가 이루어지는 것은 결코 아니다. 왜곡되고 뒤틀린 가해자와 피해자 의식에서 벗어나 서로에게 가장 가치 있는 것을 인정하고 상처를 어루만져 주려고 다가서는 것이 먼저인 것 같다. 대구에서 광주의 아픔과 가치를 이야기하고, 광주에서 대구의 아픔과 가치를 이야기할 수 있을 때, 지역주의 굴레에서 빠져나와 화해와 상생을 위한 치유의 길을 걸을 수 있을 것이다. 이런 의미에서 대구의 2·28과 광주의 5·18은 민주주의의 아픔과 가치, 그리고 자랑스러움을 함께 공유할 수 있는 '달빛동맹'의 소중한 기억이자 자산이다.

'광주-대구 교류협력 시민의 숲'에 조성된 광주 시목인 은행나무

한국 사회에서 고질적인 지역주의의 병폐가 완전히 사라진 것은 아니다. 예나 지금이나 선거철만 되면 이 병폐는 마치 좀비처럼 두 지역뿐만 아니라 전국을 휩쓸고 다닌다. 그래도 대구와 광주가 '달빛동맹'의 이름으로 지역 간 교류와 협력 사업이 지속해서 이루어지고 있고, 이를 더욱 확대하려는 민관의 노력은 높이 평가해야 할 것이다. 2016년 총선에서 우리는 두 지역에서 낡고 병든 지역주의에 균열이 가는 것을 보지 않았는가! 햇볕처럼 강렬하지는 않지만, 달빛의 그 은은함으로 끈기 있게 화합한다면, 과거의 아픔을 넘어 대구와 광주가 새로운 상생의 길을 함께 걸을 수 있을 것으로 나는 희망한다.

대구의 아이, 전태일

이상형

인간 본질의 실현 - 노동이냐, 놀이냐?

　독일 철학자 헤겔과 마르크스에 따르면 노동은 인간의 본질을 실현하는 것이다. 이를 쉽게 생각하면 우리는 오늘날 수많은 직업에서 일하는 사람을 떠올려 볼 수 있을 것이다. 직업은 곧 노동을 구체화하기 위한 사회적 방법인 것이다. 초등학교에서 아이들에게 꿈을 물어보면 대개 직업으로 대답하게 된다. 의사, 교사, 공무원, 경찰관 등 다양한 직업이 으레 나오기 마련이다. 직업을 통해 우리는 노동을 하고 이를 통해 나의 꿈을 실현한다. 그렇다면 우리는 직업이라는 노동을 통해 나의 본질을 실현한다고 할 수 있을 것이다.

　물론 오늘날 자본주의 시대에 직업을 통해 나의 본질을 실현하는 것이 만만치 않은 것은 사실이다. 왜냐하면 나의 직업을 통한 활동은 임금을 통해 환산되며 우리는 이 임금의 양을 보고 나의 활동의 만족감을 느끼게 된다. 그렇다면 자본주의 시대 노동이 내 본질을 실현하기에 행복감을 가져다주는 것이 아니라 노동이 주는 임금을 통해 우리는 만족하게 된다. 물론 이 임금이 내가 하는 노동보다 적다고 느낀다면 불만족을 가질 것이다. 그러나 문제는 임금의 과다뿐만 아니라 내 노동을 돈으로만 생각하게 된 순간, 내 노동은 나의 본질을 실현하는 것이 아니라 돈을 벌기 위한 수단으로만 느끼게 된다는 것이다. 이는 바로 나의 노동이 돈을 벌기 위해 어쩔 수 없이 해야만 하는 수고로움, 또한 고통으로 나에게 다가올 수 있다. 그렇다면 노동은 이제 힘든 것이고, 나의 희망은 노동의 끝에 온다. 노동이 끝나고 오는 휴식, 여가를 통해 나의 진정한 활동이 시작되는 것이다.

이때부터 노동이 인간의 본질을 실현하는 것이 아니라 인간은 놀이적 존재로 바뀌게 된다. 우리는 놀이를 통해 또는 여가 속에서 인간의 본질을 실현할 수 있게 된다. 그러나 이런 상황은 우리를 슬프게 하지 않을까? 왜냐하면 우리의 노동시간은 여가 시간보다 항상 길기 때문이다. 우리는 긴 시간의 고통을 참아야 하고 짧은 여가 시간에 나의 삶을 즐길 수 있기 때문이다. 그렇기에 오늘날 한국의 젊은이들은 좋은 직업의 조건에 여가 시간이 길고 보장되는 것을 최고의 조건으로 삼게 된다. 그러나 만약 나의 직업이 또는 나의 노동이 나의 꿈을 실현하는 것이고, 정당한 방법으로 대우

받는다면 나는 나의 노동을 수고로움으로만 생각하진 않을 것이다.

남산동의 아이, 전태일

1948년 8월 26일 대구 남산동에서 한 아이가 태어났다. 그는 그 당시 또래 아이들처럼 가난 속에서 어린 시절을 보내게 된다. 가난과 아버지의 폭력 속에 불우한 어린 시절을 보내던 전태일은 1954년 가족과 함께 무작정 서울로 상경하게 된다. 그의 가족은 동냥과 장사로 연명하다 1964년 그가 16살이 되는 해 그는 시다를 시작으로 평화시장 노동에 첫발을 내딛게 된다. 그러나 이 당시 산업화 시기인 한국 사회에서 가장 중요한 것은 돈이었다. 1987년 전까지 아니 어쩌면 오늘날에도 기업은 생산성 향상과 효율의 극대화를 위한 생산관리의 측면에서만 노동자들을 바라보고 대우했다.

그 당시 평화시장에서 일하던 수많은 여공은 열악한 노동조건에서 인간 이하의 대접을 받으며 값싼 노동력으로 착취당하고 있었다. 시다로 시작해 열심히 노력한 끝에 원하던 재단사가 된 이후에도 전태일의 마음을 아프게 한 것은 이런 어린 노동자들이었다. 사비를 털어 여공들에게 풀빵과 약을 사주는 등 미약하지만 자신이 할 수 있는 최선을 다했지만, 이는 너무나 미미한 것이었다. 그 후 노동법에 대해 알게 된 전태일은 바보회를 조직하고 훗날 노동청에 탄원서를 내고 신문에 평화시장의 근로 환경과 노동자들의 생활을 기고하는 등의 활동을 펼치게 된다. "노동자의 생활을 보장, 향상시키기 위한 법률이 마련되어 있다는 사실 하나만으로도 암흑의 동굴 속에서 한 줄기 광명을 발견한 듯 희망과 환희를 느낀다."(『아름다운 청년, 전태일』 중)

서울 평화시장 부근. 전태일 동상

그러나 자본주의의 물결 속에서 돈을 버는 것만이 좋은 것이고 선한 것으로 인정받는 사회풍토에 노동자들의 삶은 쓰다 버리는 기계일 뿐이고 노동법은 현실화되지 못하는 이야기일 뿐이다. 결국, 변하지 않는 사회와 세상 앞에서 전태일은 데모를 계획하고 그 날 11월 13일 자신의 몸을 불사르며 "근로기준법을 준수하라" 등의 몇 마디 구호를 외치고 쓰러졌다.

『아름다운 청년, 전태일』, 책이 나오고 영화가 나오며 거의 모든 사람이 이제 전태일에 대해 알게 되었지만, 그가 대구에서 태어나고 자랐다는 것은 잘 알려지지 않았다. 따라서 대구가 고향인 노동운동가 전태일 열사를 추모하는 시민모임 '전태일 대구 시민문화제추진위원회'가 대구에서 2015년 11월 2일 공식 발족했다. 시민추진위는 전태일 열사의 생가터가 있었던 계산오거리 교통섬에 표지목을 세우고 전태일공원을 선포했다. 그 시민모임은 대구에 뿌리를 둔 전태일 열사의 정신을 되새기며, 대구가 저항 정신이 살아있는 역동적인 역사의 도시임을 알리고 미래세대에 전태일의 정신과 가치를 물려주는 것이 필요하다고 말한다.

전태일의 남은 이야기, 서대문형무소

그러나 내가 전태일을 다시 만난 것은 서울의 서대문형무소 역사관이었다. 일제강점기 독립운동의 상징이었고 이후 대한민국 민주화 운동의 상징이기도 한 장소가 바로 서대문형무소인 것이다. 가족과 함께 서울여행을 하던 중 그곳에서 만나게 된 분이 바로 이소선 여사였다. 이소선 여사는 전태일 열사의 어머니로서 아들이 못다 한 꿈을 이루기 위해 아들의 죽음 후 본격적으로 노동운동에 일생을 바친다. 노동자를 인간으로, 노동을 인간의 정당한 시간으로 대우받기 위해 노력하던 중 4번이나 구치소에 수감되기도 하였다. 서대문형무소에 계셨던 수많은 독립운동가와 민주화 운동가의 삶과 그 시간. 많은 분의 삶은 이제 남아 있지 않지만 그 분들의 이야기와 그 분들이 계셨던 시간은 내 머리를 숙이게 하며, 내 마음을 무겁게 하고 있다.

(서울 서대문 형무소 역사관)

행복은 무엇일까? 만약 자신의 노동을 통해 만족을 느끼며 정당한 대우를 받는다면 우리는 행복을 느낄 수 있을까? 그 당시 재단사는 다른 일에 비해 어느 정도 보수를 받을 수 있었으며, 그 권리 또한 인정받을 수 있었다. 만약 전태일이 이에 만족하고, 자신의 삶과 가족의 행복에만 만족했다면, 우리는 그의 이야기를 알 수 없었을 것이다. 전태일이 자신의 삶에 행복을 쉽게 느끼지 못했던 것은 아마 자신 주위의 동료 노동자 때문이었을 것이다. 왜냐하면 우리의 삶은 오로지 자신만으로 구성되지 않기 때문이다.

행복의 조건, 공동체

2000년 후반 긍정 심리학이 나오고 의미 있는 결과가 하나 산출되었다. "행복은 부나 명예를 통해 얻어지는 것이 아니라 좋은 관계를 통해 얻어진다는 사실"이 그것이다. 현대 심리학자들은 "무엇이 인간의 행복을 보장하는가?"에 대해 과학적으로 연구하기 시작했다. 1980년대 중반부터 나타나기 시작한 행복 연구의 본격적인 흐름이 그것이다. 이 흐름이 바로 긍정심리학의 모체로서 마틴 셀리그만 등은 심리학에서 삶을 불행하게 하는 부정적 심리 상태가 아니라 긍정적인 정서에 대해 연구하고, 개인의 강점과 미덕을 추구하여 아리스토텔레스가 말한 행복한 삶을 가능하게 하고자 하였다. 이에 따르면 우리는 긍정적 정서, 긍정적 특성을 발전시킴으로써 행복한 삶을 영위할 가능성이 증가한다.

그러나 행복에 있어서 우리가 간과해서 안 될 점은 이런 개인적 차원에서의 긍정적 특성을 계발하는 것뿐만 아니라 오늘날 나의 행복이 타인의 행복과 밀접하게 관련 맺고 있음을 인식하는 것이다.

따라서 개인주의가 심화될수록 타인이나 공동체에 대한 그리움 또한 반대급부로 증가할 수밖에 없다. 오늘날 한국 사회에서도 협동조합, 마을공동체, 사회적 기업 등을 이야기하는 것은 행복을 위해서는 관계, 즉 공동체가 중요하다는 것을 인식했기 때문일 것이다. 이런 행복을 위해 자본주의 사회에서 필요한 게 'EoC(모두를 위한 경제) 기업'이다. EoC 기업이란 기업가와 노동자, 경영자와 관리자, 생산자와 소비자가 생산과 이윤 창출에 함께 참여하고 공동선을 추구하는 곳을 말한다. 나의 부는 오로지 나의 노력과 운에 의해 만들어지지 않는다. 타인들이 그리고 국가가 만들어 준 사회적 공공재, 사회적 기반이 없다면 어떠한 개인적 부도 가능하지 않다. 그리고 타인들이 나의 상품을 사주고 인정해주지 않는다면 어떤 성공도 가능하지 않다.

우리 인간은 어차피 한번 태어났고 한번 주어진 삶을 살아간다. 많은 것은 의미 없이 지나갈 것이다. 그렇다면 우리 삶에서 의미 있는 것은 무엇일까? 나의 행동이 나의 삶이 의미 없다면 절망일 것이다. 이 절망을 희망으로 바꾸는 것은 타인의 관심과 사랑뿐이다. 그리고 타인의 관심과 사랑은 나의 관심과 사랑으로부터 시작해야 한다. 전태일이 힘든 노동 속에서 알게 된 것은 이런 인간이 가진 공동체성이 아닐까? 나의 행복이 타인의 행복에 의존하며, 우리는 함께 이런 행복을 만드는 존재라는 것을 말이다. 전태일을 기억하는 사람들이 남아 있는 한 세상은 바뀌어가며, 이들에 의해 조금 더 많은 이들이 이 세상에서 행복을 느끼지 않을까? 행복의 공동성을 인식한다면, 전태일에 대한 기억은 어느 세상에서도 사라지지 않을 것이다.

대구경북인문학협동조합

인문학이 세상을 바꿀 수 있기를 희망합니다. 자본의 속도에 내몰린 인문학의 가치가 새삼 재인식되고 있습니다. 우리는 인문학적 교감을 통해 자아를 재발견하고 세상과 공감할 줄 알며 일상의 행복을 꿈꾸고 있습니다.

이러한 변화의 시대에 우리는 대구경북인문학협동조합을 만들었습니다. 대구경북인문학협동조합은 우리 사회의 공공선을 실현하기 위하여 '사랑의 힘과 자유의 정신'으로 2014년 9월에 결성한 상호부조의 자율적인 결사체입니다.

인문학협동조합에서는 인문학 교육사업 및 연구사업을 추진하면서 인문학의 정신적 가치를 창조하고 있습니다. 우리는 인문학이 삶의 가치를 존중하고 세상을 더욱 아름답게 만들 것이라고 생각합니다.

위치: 대구광역시 북구 대현로9길 55-1, 2층
연락처: 053-944-9877
카페: www.inmundaegu.com

꿈꾸는 사과나무
대구경북인문학협동조합

지역인문학시리즈·대구
인문학자들의 헐렁한 수다
인문학, 대구를 이야기하다

1판 1쇄 발행 2017년 1월 10일
1판 2쇄 발행 2021년 3월 10일

지 은 이 | 강미경·김민영·김상현·김재웅·남철호
　　　　　배지연·이상형·이재현·하수정
펴 낸 이 | 김진수
펴 낸 곳 | 한국문화사
등　　록 | 제1994-9호
주　　소 | 서울시 성동구 아차산로49, 404호(성수동1가, 서울숲코오롱디지털타워3차)
전　　화 | 02-464-7708
팩　　스 | 02-499-0846
이 메 일 | hkm7708@hanmail.net
홈페이지 | http://hph.co.kr

ISBN 978-89-6817-450-6　03380

- 이 책의 내용은 저작권법에 따라 보호받고 있습니다.
- 잘못된 책은 구매처에서 바꾸어 드립니다.
- 책값은 뒤표지에 있습니다.